日本人の目を覚ます痛快35章

聞・米国・中国を疑え

高山正之 著

テーミス

まえがき

例えば米国をどう思いますか、いい国ですか、悪い国ですかと問われる。そういうときまず頭には知り合った何人かの米国人の顔が浮かぶ。アナハイムのパブリックゴルフ場で見知らぬ二人の親爺と組まされた。二人ともごっつくて陽気でゴルフは腕っ節でどうにかなると思っている。だから飛んでもスコアは悪かった。こっちがいいスコアを出すと露骨に嫌な顔をするのは、正直というよりは人種偏見からだと話しているうちに分かった。仕事は警官で、今日は非番だった。

米国人というと、なぜかこの一見の警官を想い出す。性悪のルーズベルトを考えるときも気がつくとこの警官を土台に、それに無理して紳士面を繕う男をイメージする。

要するに国の評価というのは政治的にどうのを考える前に、卑近な人物を土台に考えている場合が多い。その人物が並み以下の場合は印象に誤差も出てくる。いい人に会えば上方修正もある。

その意味で隣の半島国家（除く済州島）は一度も上方修正がなかった。不思議な国だ。いわゆる在日を除いて、この国の民との最初の出会いは高松塚古墳の学術調査取材の時だった。韓国の考古学者と北の考古学者がきて、特に北の学者は「朝鮮半島から日本に文化が伝わった証拠だ」と偉そうに言う。その証拠が古墳北面に描かれた玄武の図だという。高松塚のそれは半分剥落しているが、少し後に見つかったキトラ古墳は亀と蛇が絡む図柄がほぼ完璧に残されている。

それが朝鮮にある江西大墓をモデルにしている。文化は朝鮮から日本にという流れだと主張する。学者がいうのだから間違いないのだろうと思いつつ、念のため江西大墓の壁画図を見てみた。それにはどちらかといえばスッポン風の痩せた亀に紐が巻きついている。スッポンも紐も何の模様もない。対して高松塚の玄武は亀に美しい色彩の亀甲模様が入り、腹にも模様がある。蛇も鱗が丁寧に描かれる。モデルにしたものをはるかに超える精密な壁画がそこにあった。いい換えればモデルじゃあない、むしろあの国と文化の流れがないことの証左と見た方が自然だった。この最初の出会いから、中身もないのに突っ張りたがる彼等の根性が見えたような気がした。

だいたい文化とはオリジナリティであり、その国の言語とも深い関わりがある。しかし朝鮮はその固有の言語がない。筑波大の古田博司教授によれば、朝鮮では漢語をどんどん入れて姓も名も漢語に替え、言葉も漢語で語り、ために古来の朝鮮語はいま80語も残っていないという。だから泣くのも漢字のまま「哀号」と泣く。言葉も文字も漢語にしたから新しい文化も一度、支那の言葉に翻訳されないと咀嚼できない。支那が文化的に停滞すれば、事実、明朝に入ってからまったく停滞しっぱなしだから、それの追随者だった朝鮮もぴったり文化が止まってしまった。

古田教授の言葉を借りれば、木を曲げる技術もない、つまり車も樽もできなかった。モノを運ぶ荷車もない。瓶もないから液体は枡で運ぶ。

電気やディーゼルがなかった時代、世界はそのエネルギーを奴隷に求めた。戦争しては相手国の民を奴隷にして畑を開墾させ、モノを運ばせ、ガレー船の櫓を漕がせた。そのうち電気や内燃機関が発明され、奴隷は消えて行った。

それが文化の段階的発展論になるが、朝鮮はそれが車輪を作るかどうかの段階で止まったままだから、最後まで奴隷が残った。日本がこの国に関わった20世紀初頭、国民の40《パーセント》が奴隷階級だった。今も北朝鮮では40《パーセント》の国民が飢えたままというのは偶然ではなく、いまだに奴隷制が生きているということだ。

かくも悲惨な歴史を紡ぎながら、なお高松塚では文化はウチから伝わったといい張る。韓国のジャーナリストの李寧熙はもっとすごい。万葉集を朝鮮語で読み解くというのだ。しかし肝心の朝鮮古語は15世紀ごろにほぼ消え果て80語が残るのみだ。それでどうやって7世紀の万葉集を朝鮮語で読み解けるのか。結論からいえば、現代の朝鮮語の音でいわゆる万葉仮名（漢字）を読んでみたら、こんな意味になりましたということらしい。

それがひどい。例えば額田王が大海人皇子（天武天皇）に詠んだ「あかねさす紫野行き標野行き野守は見ずや君が袖振る」。

この万葉仮名を現代朝鮮語で読んだら「赤いイチモツがホトにゆきます禁断の場所です野守はみていないでしょうねあなたが私の股を広げるのを」となるという。実は卑猥な詩だったと。

高松塚古墳の壁画が示したように朝鮮とは文化の交流もない。もっとはっきりいえば交流する文化もない国の言葉でなぜ日本人が万葉集を詠まねばならないのか。

他所の国の歴史をと文化をここまで貶める無礼と厚顔に呆れるが、こんな本を恥ずかしげもなく出版したのが文藝春秋社だ。半藤一利が出てきたというのも決して異常ではないということか。

ここまで落差のある国と日本は隣国として付き合わねばならない。地政学的にいえば日本の脇腹に突き付けた匕首のような存在でもある。だから日本は日清戦争、日露戦争を戦い、12万人もの戦死者を出した。戦後、日本に替わってこの地域の安全保障を担った米国は朝鮮戦争で3万6千人の死者を出した。

今もその危険度は変わらないが、それを警告すべき日本のマスコミは例えば朝日新聞のように強制連行や慰安婦の偽りの主張を自ら創り上げ、紙面は在日の権利擁護で埋める。テレビはどの局も韓流ドラマを打ち続け、危険で厄介な隣人の素顔をむしろ隠そうとしている。どこを向いているか分からないマスコミが伝えそこなった真実を綴って見た。

高山正之

2010年7月吉日

日本人の目を覚ます痛快35章【目次】

第2章　大江健三郎と朝日新聞の奇妙な連携——65

第3章　卑屈で浅薄な大学教授を叩き出せ——94

第4章　米国には仁義も友情もないと知れ──135

装丁デザイン――望月千香子

第1章

日本を貶しめる朝日新聞の報道姿勢

もはや新聞人魂を失った　朝日の日和見&冷笑主義

——北朝鮮がだめなら中国だけが拠り所と贔屓連載を始めた

伊藤博文をおちょくった新聞

日本の新聞は明治維新に始まった。

明治政府の御用新聞だった東京日日新聞を除いて、あの時期に登場した多くの新聞は幕藩の士族階級、当時の教養人が担当した。たとえば、郵便報知は前島密、時事新報は福沢諭吉、自由新聞は板垣退助が主筆を務めた。

明治政府は、実をいうとそういう士族を嫌う足軽や郷士が中枢を占めていた。長州の奇兵隊とか、人物でいえば伊藤博文がその典型になる。

だから、政府が最初にやったのが武士の家禄を剥奪する秩禄処分で、士族が専《もっぱ》らしてきた司法、行政職も取り上げた。

その後釜に足軽たちが座ったが、知識、教養の点で遅れる。それを補うのが四民平等の学制であり、俊秀を選びだす高等文官試験だった。士族に代えて、平民からなる官僚階級という新しい身分を作る作業でもあった。

ここまでやった意味はただ一つ、自分たちが握った天下を永続させるためで、彼らが心に描いていたのが明治天皇を上に戴いた中世ヨーロッパの絶対君主国家、あるいは中国風の王朝だった。そこで彼らは世襲の陪臣になり、その下に優秀な官僚を置く。学制改革の目的の一つは中国王朝のシステムを担った科挙の制の復活だったわけだ。

だから、明治政府は憲法制定や民選議院（国会）の設立を求める声にはなかなか耳をかさず、のらりくらり逃げ回った。

国会を作るより前に彼らが建てたのが鹿鳴館で、成り上がりの彼らは西洋の宮殿さながらのボウル・ルームにローブデコルテを纏った愛人を伴って舞踏会に明け暮れた。

この維新政府の滑稽さを鋭く指摘したのが、郵便報知など旧幕藩系の新聞だった。伊藤博文が自邸で連日、豪華な舞踏会を開いたのをおちょくった新聞が発刊禁止にもされた。

それでも新聞人は屈しなかった。英国流にいえばジェントルマンシップ（紳士道）にも通じる士道に裏打ちされた新聞人の正論は強く、足軽たちの下品な野望はやがて潰されて憲法が制定され、国会も開かれた。

同時に、この新聞と政府の確執が、それからの日本の原型を形作った。すなわち政府には劣等感がついて回り、それゆえの秘密主義、消極主義が常態化し、一方の新聞人は士道精神に立った批判者として政府を冷笑的に見下し、批判するという位置関係だ。

新聞は「開戦」を主張してきた

たとえば、日清戦争もそうだ。中国の圧倒的な戦力を前に、明治足軽政府は中国からのさまざまな侮辱に目をそらし続けたが、新聞は国家の要諦を説き、世論を結集して尻込みする政府の尻を叩いて開戦に踏み切らせている。

日露戦争もそう。中国とは比較にならない大国を相手に、政府は何としてでも戦争回避に動くが、維新前から干戈を交えてきた松前藩を始め、江戸時代からロシア研究を重ねてきた幕藩の知恵者が乾坤一擲、ここが勝負のしどころと判断した。そして今の姿からは想像もつかないが、朝日新聞など多くの新聞が開戦を主張して、政府を動かした。

その後も新聞は正論を吐き続けた。日露戦争のあとのポーツマス条約でロシアから一銭も賠償を取れないで決着すると、新聞は怒り市民も怒ってあの大騒動が起きた。

第1次大戦後のパリ会議（1919年）もひどかった。日本は人種平等を国際連盟規約に盛り込む案を出し、11対5で可決された。しかしウッドロー・ウィルソンが議長権限でこれを破棄してしまう。黒人問題という家庭の事情を優先させたウィルソンの横暴に、政府は遺憾の意を表する程度だったが、新聞は正面から噛み付き、抗議を展開した。

そのほとぼりが冷めないうちに、今度は米国が日本人を米国から排除する日本人移民禁止法を成立させる。

このときも政府は「米国世論が沈静化するのを待つ」消極姿勢で臨んだのに対し、新聞は強硬に米国の差別意識に抗議した。

真珠湾60周年の日の朝日報道

その騒動のさなか、米国はワシントン軍縮会議を開く。日本と白人国家群をわずかに繋ぎとめていた日英同盟を破棄させ、日本を孤立化に追い込む作戦だった。

しかし、白人を崇拝してやまない幣原喜重郎は、軍縮案とセットで、その罠にはまってしまい、ここでも新聞と大きく見識を異にする。

その延長線に日米決戦が見えてくるが、これも尻込みする政府の尻を叩いて踏み切らせたのは、やはり新聞だった。

逡巡する政府、見識をもってその尻を叩く新聞、という明治維新以来の構図は、しかし第2次大戦の終結とともに消えた。いや消えただけならいいが、今度は政府が行動に踏み切ろうとすると、新聞がその足を引っ張るという逆転現象がパターン化してきたのだ。

憲法論議もその一つだ。米国人が書いた憲法は「わが国は陸海軍を持たず、戦争も放棄する」とうたう。主権国家の憲法を他国の者が、自分に都合のいいように書いた、などという例は世界史にもないだろう。

その異常さを閣僚が指摘すると、新聞が大騒ぎして罷免させてしまう。朝日新聞などはシロタ・ゴードンなど英文憲法を作った当の米国人に「誰が書いたかより、中身がいい憲法ならそれでいいではないか」といわせて喜んでいる。明治100年、劣った政府を牽引してきた新聞とは思えない転換振りだ。

真珠湾が60周年を迎えた昨年12月の開戦の日、朝日は、「あれは侵略戦争だ」と規定して、開戦にいたったのは「視野狭窄に陥った独善のエリート官僚や軍人らが米国の圧倒的な国力の差を冷静に直視しないまま、日本を孤立させ無謀な自滅戦争に引きずり込んだ」と書いた。

同じ新聞はワシントン軍縮会議で「日本を孤立化させる」米国の意図を指摘していたが、

その事実誤認以上に気になるのが「圧倒的な国力の差がある米国」と「無謀な」戦争を行ったというくだりだ。

これは「強い相手と戦うな」という意味だろう。それでは日清、日露戦争はどうだったのか。両方とも日本とは戦力、国力ともにはるかに巨大な存在だった。

それでもかつての朝日は戦うことを主張した。それが日本のとるべき道と信じたからで、そして二つとも勝った。

この新聞は大東亜戦争もやはり戦うべきだと信じて、決断できない政府を動かした。が、負けた。今になって負けたのはエリート軍人や官僚の無謀のせいにするのは士道が最も忌み嫌った、責任逃れではないか。

北朝鮮を手のひら返しで糾弾

武士に二言はない。明治以来、日本を引っ張ってきた士道に則《のっと》った新聞人がいうべき言葉ではない。

まして「相手が強いから戦うべきではなかった」とは「長いものには巻かれろ」という意味だ。こうした士道に反する言葉を臆面もなくいえるのは、もはや朝日が日本の伝統の新聞人の意識を失った証拠だろう。

今、朝日はあれほど擁護してきた北朝鮮を手のひらを返したように糾弾している。状況によってころり態度を変える。

そうかと思うと「中国がロシアから買った空母はどんがらだけ。脅威ではない」と妙な中国贔屓連載を始める。北朝鮮がだめなら中国によりかかるかという思いが透けて見える。こういう日和見も忌み嫌われたはずだ。

期待された宰相が出ても、すぐにバカにしてかかる。昔の面影はその冷笑のポーズだけで、往時の体面も意識も失せていることに、そろそろ気づいてほしい。

（2002年12月号）

朝日新聞自虐史を捨てよ　孫文も米大統領も詐欺師だ

――戦後60年。本当の歴史がどんなものかを見つめ直すときが来た

孫文・蒋介石・毛沢東のズルさ

「日本の命運に関わった外国政治家」という分類をすると、福沢諭吉の時代から「それに伍す」ことも「会釈する」こともしなくなった中国、朝鮮にはあまり、いない。

強いて挙げれば孫文か。

彼は日本から金と支援を得て、異民族支配の中国を漢民族の手に取り戻した。

あの辛亥革命だが、その後がいけない。彼は日本人の世話で革命が成就したことも、その費用をすべて借りたことも忘れたふりをして空とぼけた。

そういうずるい国民性を見抜けなかった日本の人の好さにも責任はあるが、天人ともに許せないのが孫文のその後のまやかしだ。

歴史が示したように漢民族の領土は「万里の長城の内側」だ。イル汗国とかキプチャッ

ク汗国とか東欧まで版図を広げた「元」の支配から脱した明の王さまは、さっさと万里の長城の内側に戻り、改めて夷狄が入らないよう長城をより高くより頑丈にしている。

しかし、孫文は万里の長城の中だけに満足せず清王朝が広げた版図をそのまま中国領にするというズルをやった。

即ち満州の王が取った新疆ウイグルもチベットも台湾に加え満州民族の満州と、その兄弟国の蒙古族の領土もみんな漢民族の領土だ、と主張した。

孫文のあと蒋介石がそれを踏襲し、さらに毛沢東までこのインチキ話を受け継いだ。

しかし、いくら〝なんでもあり〟の共産主義でも正当化は難しい。で、毛は孫文を担ぎ出してあちこちに祀って、新疆ウイグル、モンゴル、チベット、満州、そして台湾の支配をいま正当化しようとしている。

こんなインチキ話に満州人やチベット人が納得するわけもないから、抵抗もし、蜂起もする。この春の全人代で成立させた「反国家分裂法」は台湾を標的にしているように思われているが、本当はいまにも決起しそうなウイグルやチベットを押さえるためなのだ。

この孫文の小賢《こざか》しい主張、即ち「満州は中国領」が、満州国を傀儡といわしめ、日本の孤立に向かわせた。

この孫文に並ぶほど日本に影響を及ぼした者はアジアにはいない。毛沢東は前述したように孫文の矮小コピー版でしかない。

スターリンという声もあるが、せいぜい火事場泥棒の親分か。朝鮮の李承晩や金日成、正日親子も日本の歴史では、こそ泥ぐらいの存在だろう。

ウイルソンの国際連盟いじめ

その意味で日本に大きな影響を与えたといえるのは、米国の2人のルーズベルト、即ちセオドアとフランクリンだ。敢えて付け加えるならウッドロー・ウイルソンになるか。

付け足したほうからいうと、彼は第1次大戦後に国際連盟を作る。その連盟規約の起草のさい、日本の出した「人種で差別されない」人種平等案を徹底的に潰しにかかった。

英国と組んで日本代表の発言を封じ、裏で日本非難も展開した。6か国協議で「日本外し」を企んだ北朝鮮と中国のやり口を思えばそう違いはない。

日本側は泣く泣く条文から「人種」という言葉を削除して「国家は等しい待遇を得られる」とまで後退して再提出した。

結果は予想外の11対5で可決されるが、ウイルソンは委員長権限で「この事案だけは全会一致が妥当」といい出して委員長預かりとして米国に帰ってしまった。結局、人種平等案可決は「なかった」ことにした。

日本代表は帰途、米国に寄ると、黒人運動家から「日本は人種平等を実現する運動の先頭に立って欲しい」と訴えられる。

それに呼応して、ニューヨークなど各都市で黒人のデモとそれを鎮圧する軍隊が衝突、多数の死者も出した。

日本はその付託を受けてその後の歴史を織り成していったことは事実が示している。

セオドアは「日本の恩人」か⁉

さて2人のルーズベルトだが、日本ではセオドアのほうが受けはいい。第一に彼にちなんだ熊のぬいぐるみテディベアが好印象を与えている上、あの日露戦争での調停で彼を「日本の恩人」に祀っているからだ。

でも本当に恩人か。ロシアは世界最強の軍隊を持つ。実際、19世紀のクリミア戦争はイスラムの雄トルコに英仏の両大国がスクラムを組んでやっとロシアと引き分けている。

日露戦争ではそんな強いロシアを日本は陸で潰走させ、海で殲滅した。制海権を完全に失ったロシアはもはや降伏しかなかった。

ところが、テディ（セオドア）は「日本はもう疲弊しきって戦争継続は無理」だから日本を思いやって講和させたことになっている。彼はそんなに有色人種国家に親切で思いやりがある政治家だったのか。

彼が海軍省次官のとき、米国はハワイを乗っ取り、さらにその西、アジアのどこかに拠点を探していた。テディはアルフレッド・マハンと相談し、弱いスペインが持つフィリピンを奪う計画を立てる。とっかかりは同じスペイン領キューバの独立運動とした。

彼は新聞王ハーストと組んで、キューバの民が虐待されていると非難させ、世論を背景に米政府は「スペインはキューバにもつ権利を放棄し陸海軍を引き揚げよ」と通告する。

１８９８年４月19日、米西戦争は始まり４か月後にスペインは降伏する。しかし歴史年表にあるようにこの戦争は１９０２年まで続く。残り４年半はスペイン領フィリピンを米植民地にするために、当のフィリピン人と戦争していたのだ。米国はこの戦いで「フィリピン人20万人を殺した」（米上院公聴会）ことを認めている。

テディは、大西洋艦隊を速やかに太平洋に展開させるためにパナマ運河を計画し、そのためにコロンビアの一州のパナマで独立運動を起こさせ、それを支援した謝礼にパナマの真ん中を裂くように運河用地を取ってしまった。

まさに後は野となれ山となれ。セオドアが手を染めたあとはペンペン草も生えない荒廃が残った。そんな彼が日本には善意で振舞ったとだれが信じられるだろうか。

彼の調停を振り返ってみよう。日本は継戦能力なしとされたが、日本側はあれだけの戦勝をし、さらに海軍がまるまる健在だった。当時のニューヨーク・タイムズが書いたように日本海軍はバルト海も封鎖できた。

しかし、調停では日本は満州の権益だけで賠償金も領土も取れなかった。

そこに見えるのは、日本がこれ以上強くなるのを抑え、同時に白人国家ロシアが黄色人種に決定的な敗北を喫するのを防ごうとした白人のエゴではないのか。

フランクリンの日本衰亡計画

もう1人のルーズベルトは、日米戦争を戦ったフランクリンだ。彼は満州についてそれを中国領と主張する蒋介石の肩をもつことで日本を侵略国家に仕立てた。そして「人道的見地から日本は満州に持つ権利をすべて放棄し陸海軍を撤退させよ」とするハル・ノートを出す。かつて米西戦争のおりにスペインにいったのとそっくり同じ文言ではないか。

そして日本を開戦に追い込む。真珠湾を待って、フランクリンはただちに原爆の製造を命じ、大戦さなかには「日本人を四つの島に閉じ込め、そして衰亡させる」（R・キャンベル英公使との対談）戦後政策を決めている。

戦後、日本人を世界中から引き揚げさせたのも、そして日本中の工場を潰し農業国に引き戻そうとしたのも、日本は悪い国、残虐な民と洗脳し、軍隊のない国に落としたのも、すべて彼の計画によるものだ。

戦後60年。朝日新聞が教え込んできた嘘の自虐史でなく本当の歴史がどんなものかを見つめ直すときではないだろうか。

幸い、『紫禁城の黄昏』や『暗黒大陸・中国』や『南京事件・証拠写真の検証』などいい本がいま、店頭にそろっている。

（2005年9月号）

「日本の悪口」を書き続ける　朝日を教育現場から外せ

──教育基本法の改正をやった伊吹文科相を殊更攻撃する偏向ぶり

「小沢一郎」を追及しない朝日

朝日新聞を読むと、その日一日、気分が滅入って心愉しまない。

それなら読まなければいいのだが、大学でジャーナリズムの講座を持っているから、そういうわけにもいかない。

で、どこがこちらの気分を害するかというと、この新聞はただひたすら日本の悪口を書いて喜んでいるところだ。

例えばわが国の首相となると、その首相が戦争もしないで領土回復─沖縄返還─という奇跡をやろうと、日本の病巣、官僚機構へメスを入れようと、北朝鮮のスパイ工作船、万景峰号を締め出そうと、成果はいっさい認めずひたすら謗り、嘲り、足を引っ張る。

その一方で中国に媚び、北朝鮮の手先になって国民の信を失い、3桁もあった党員数を

1桁に落とした社民党をまだ担いで、現実より幻想を書き続ける。

吉原でもあるまいし、こんな独りよがりを続けていれば、読者も鼻白む。部数減に歯止めがかからないのも、むべなるかなだ。

ただ、これだけは朝日も分かって欲しい。そうやって朝日が紙面に並べ立てる罵詈雑言を、読者は生理的に嫌だといっているのではない。記事に真実の一片でもあれば、良薬が口に苦いことは知っている。決して見捨てたりはしない。

つまり、朝日が書いている記事のほとんどが嘘っぱちと歪曲だから、愛想をつかされているということだ。

例えば、松岡農水相がただの事務所の維持経費に4千万円も計上していた疑惑。政党助成金を出している納税者から見れば、ほとんど詐欺行為に近い。

それがすぐ伊吹文科相に飛び火した。疑惑額は900万円。ただ、この人は教育基本法の改正をやったいわば偏向・朝日の天敵だ。

それで朝日は「松岡の4千万円」より「伊吹の900万円」に狙いを変えて1月13日の社説で「根拠を示せ」と脅し、内政面で「文科相の犯罪手口」を告発し、さらに社会面でも伊吹との一問一答でいたぶり上げた。

ところが同日、民主党の小沢一郎も「4億円」を落としていたことが判明する。それも私的資産購入という犯罪行為。悪質度も金額も小沢ケースは伊吹の50倍になる。伊吹の扱いを考えれば朝日は号外を出してもおかしくはないのだが、翌日からの紙面には事務所の「ジ」の字も出なくなった。

分かり易いといえば分かり易いが、記事の歪曲とか偏向とかは、もう少し目立たないようにやるべきではないのか。

『暗黒大陸・中国』が伝える現実

これが国際報道になると、読者に検証できないから大嘘のオンパレードになる。

例えば瀋陽支局の古谷浩一記者の「満鉄100年・鉄道員の悔しさ」というコラム。満鉄創設から100年目に「日本人の懐古とは別に、満鉄で働いた中国人がどう見つめているか」を中国人の話で綴ったものだ。

そうしたらこれが「日本人は中国人を殴った」「3人集まって話をすれば思想犯と疑われた」「終戦のときに日本人が、お前ら中国人は何もできない。30年後には俺たちがまた戻ってきてやるといった」。

いかにも日本人が乱暴で、中国人が虐げられていたように書く。しかし、筆者の知り合いの旧満鉄社員や記者時代に取材した関係者の話とはまったくマッチしない。日本人はずっとよき教師で、だから中国人でも日本の残した鉄道を運行し、修理もできた。

日本人の話は信用できないというなら米外交官ラルフ・タウンゼントの『暗黒大陸・中国』の一節を紹介する。ある日、彼が物置に行くと使用人の中国人がバケツ一杯の石炭を盗み出すところだった。

彼が聞く。「何をしているのだ」。使用人が答える。「寒いので日那様のストーブで燃やす石炭が足りないだろうと思って、私の家から石炭を運んできたところです」。

これが偽らざる中国人の姿だろうが。そんな中国人がこういいました。それを検証もせずに書きましたでは、南京30万人虐殺の嘘を書いた本多勝一と変わるところがない。

「大江の大罪」を押しつけるな

だいたい、この中国人のいう日本人が、江沢民が捏ね上げた「残忍な日本人像」にあまりにぴったり符合する。嘘が透けて見える。

だから古谷記者も気が引けて「彼の意識が中国人を代表しているわけではない」とかい

い繕う。小心な嘘つき記者特有の書き方だ。

1月14日の同紙「写真が語る」が満州開拓民を取り上げていた。日本のODAで作り江沢民が揮毫した「9・18」反日記念館にある開拓民の説明文が引用され「日本人移民（開拓民のこと）が東北の土地を占領」「移民が土地収奪」と表記している。

これは瀋陽にあるから前述の古谷記者の書いたものだろうが、満州は満州民族のもので一度も中国人の土地ではなかった。中国人が勝手に書き換えた歴史を無反省に鵜呑みにして真実のように書くのは、やっぱり嘘の報道になるだろう。

この記者に良心のかけらがあるなら、やることが一つある。その反日記念館には戦前の朝日新聞の報道写真が何枚も展示されている。日本軍が中国女性の一団を保護、護送している写真には「日軍が拉致し強姦し皆殺しにした中国人女性」とまったく出鱈目のキャプションがつけられている。それをまず訂正させることが朝日新聞人の務めだろう。

朝日のあくどさは根が深い。朝刊第三社会面に子ども向けの時事解説コラムがある。米国から始まった「教育に新聞を」の日本版NIEの一環だが、ここにはもっと陰険な嘘が紛れ込まされている。

昨年6月の沖縄戦の追悼式についての記述では、沖縄をどこかよその国の扱いで「日本軍は沖縄を捨石にした」といった表現を多用した上で「日本軍に強制されて大勢の住民が集団自決した」と書く。

「日本軍が足手まといになった住民を処分するために集団自決を強制した」とは、大江健三郎がでっち上げた大嘘だ。事実は自決した村民に遺族年金が支給されればと、守備隊の隊長がついた善意の嘘だった。

沖縄関係者も認める「大江の大罪」を、朝日は純真な子どもを洗脳することで、なお真実として生かし続けようとしている。

嘘でまぶしたNIEはいらず

中国や朝鮮がとやかく口出すA級戦犯の解説（昨年8月31日）では「日本が独立を回復する際に結んだサンフランシスコ平和条約で日本は東京裁判を受諾している」と、二度にわたって書いている。

これは「日本を侵略国家として断罪した東京裁判」を日本が受け入れた、という意味になるが、英文表記は「judgments」。つまり法廷が下しただれだれを懲役10年に、だれだれを5年にしたという「諸判決」を受け入れろという意味だ。だからその次にどこかの国が同意すれば釈放もできるという条項が続く。

それが当たり前なのに、反日のこの新聞だけが誤訳にしがみつき、日本は悪い侵略国家だよと子どもを洗脳する。

ＮＩＥは米国生まれだ。この国では教育者も政府も新聞記者も自分の国を愛し、星条旗に忠誠を誓う。

そういう国は新聞を教育に入れられる。

が、日本は違う。教育現場も新聞も反日に偏り、国旗や国歌まで否定する、いわゆる戦後民主主義に染まる。

その先頭に立つのが朝日新聞で、嘘でまぶした新聞を教育現場に持ち込んでいる。

ＮＩＥを廃止して今年を明るい年にしたい。

（２００７年２月号）

朝日新聞が大喜びした「ＮＨＫ裁判」の愚かな判決
――一方でポルポト派や中国など共産主義を庇う呆れた仲間意識

「ＮＨＫ廃止論」の格好の材料

元朝日新聞の松井やよりが、北朝鮮のからむいかがわしいグループと協力して、いわゆる「従軍慰安婦」を裁く模擬法廷を開いた。

「従軍慰安婦」は、朝鮮人と朝日新聞が政治的意図をもって捏造したものだ。そんな虚構を「皆様からカネを戴いているＮＨＫ」がまともに取り上げて1時間番組にした。

ＮＨＫの無能、堕落をみごとに示し、ＮＨＫ廃止論の格好の材料になった番組だ。

ＮＨＫ幹部としては「できればなかったことにしたい」「早く忘れてほしい」と願っているのだが、なぜか記憶が薄れそうになるたびに生き返ってくる。それもやたら元気いっぱい世間の注目を集めるド派手な再登場ぶりなのである。

最初は放映から4年後の昨年春。

多分、いかがわしいグループの背後にいる北朝鮮からカネが出たのだろう、朝日新聞が一面からでかでかと「安倍晋三氏と中川昭一氏が放送直前にNHK幹部を呼びつけて政治的圧力をかけ、番組を大幅に改編させた」と断定的にやったのだ。

朝日が書いた次の日には、この偏向番組を制作したNHKのスタッフが記者会見して涙を流しながら「政治家の圧力があって番組が変えさせられた」と証言する。

だれが示し合わせたか、みごとな連携だが、ただ連携がよくても根っこが不純だからすぐボロが出る。「圧力をかけた」とする中川氏が朝日のいう日付に日本にいなかったりして、朝日の嘘がばれてしまった。

NHKにしてみれば、せっかく4年間も寝た子を起こさないようにしてきたのに、と朝日新聞をさかんに恨んだものだ。でもまあ、できたことはしようがない、早く朝日が「嘘でした、ごめんなさい」と頭を下げてくれれば「NHK不要論」が再燃しないですむ。

ところが朝日ときたら、嘘だと認めないでずるずる引き摺る。改めて世間では問題の番組の中身が吟味され、やはりNHKは歪んでいるし必要でもないという論議が再燃し、受信料不払いはさらに拡大していった。

そのうち幸か不幸か、NHKのプロデューサーが何千万円も使い込んでいたとかカネにまつわる不祥事が続出する。不払いは拡大していったものの、放送ジャーナリズムの資格を問う声は相対的に小さくなる。

つまり、NHK不要論はやや気勢をそがれた形になり、NHKはちょっと安心する。このまま忘れてほしい、と。

反社会的集団を保護する判決

それでやっと1年たったところで、例の模擬法廷をやったいかがわしいグループがNHKを訴えていた裁判の判決が東京高裁から出された。

これがまた朝日新聞の記事以上に世間を大いに驚かすものだった。

要約すると、いかがわしいグループである「バウネット」は「NHKは我々の偏向に賛同し、偏向した内容をそのまま放送すると約束した。それなのに勝手に編集し直して、まともな内容にしようとした。善良な期待を裏切られた」と訴えた。

義務教育終了程度の能力をもつ裁判官なら「何を馬鹿な」と原告をたしなめて幕になる話だが、今回はその裁判官が馬鹿だった。

南敏文という裁判官は、まず「報道の自由は取材された者の期待という制約を受ける」

と規定する。それがいかに反社会的集団であっても、虚偽の主張であっても、取材された者の期待は法的保護に値するというのだ。

その上で、偏向番組を少しまともに改めたＮＨＫに対して「世間常識を忖度した編集は許せない」と、200万円の賠償を命じた。

馬鹿はどこにでもいる。だから、どこにでも馬鹿をやった者を排除する罰則や懲戒規定が用意されているが、ただ日本の司法だけは愚かな判事を処分する規定がない。

さて、この世にも愚かな判決が出ると朝日新聞は大喜びして、このいかがわしいグループの勝訴を祝った。

朝日が書くいかがわしい市民

注目したいのが社説だ。そこではこのグループの素性もいかがわしさも一切触れずに、ただ「市民」と書いている。そう書くことで読者にはそれがあたかも「まともな人たち」と思い込ませようとする。明らかな欺罔だ。

実際、この新聞が過去「市民」と書いたものでまともな「市民」は１人もいなかった。

たとえば杉並区教委が「新しい歴史教科書」に前向きな対応を示した途端、朝日は「多数の市民が区役所前で抗議した」と書いた。

彼ら「市民」の素性をたどると、かつて東工大生を洗足池のほとりで待ち伏せして5人を殴り殺した全共闘グループの構成員であり、成田では土地収用委の委員長の両手両足の骨を折ったテロリストとその支援者なのだ。

朝日はまた公園を占拠するはた迷惑なホームレスを「市民」と呼ぶ。

なぜ社会秩序を踏み躙り、他人に迷惑をかける連中が「市民」なのか。

理由は簡単で彼らを「国民」と呼ぼうとすると、例えばホームレスは国民の義務である納税もしていない、国民なら守るべき公序良俗も守らない。前述したいかがわしい市民グループも北朝鮮や中国など他国と内通している。米国だったら国家反逆罪で国籍も剥奪される。とても「国民」とは呼べない。

その点、「市民」には法的な義務も資格も必要としない。ただ権利だけは主張できる。

まさに言葉の魔術だ。

朝日新聞はこういう言葉の魔術がうまい。例えば、同紙（2月11日）にポルポト派裁判について、貝瀬秋彦記者が書いていた。

ポルポトといえば毛沢東に心酔し、毛がやったことをそっくりカンボジアでやった。

それを貝瀬記者は「ポルポト派は極端な共産主義思想で都市住民を農村に強制移住させ、虐殺や重労働などで約170万人の国民を死に追いやったとされる」と書く。

「とされる」というのは、伝聞で内容が不確かなときに使う新聞用語だ。しかしポルポト派が殺したのは当初300万人といわれた。それを北京政府が騒いで200万人に減らし、さらに170万人に削った数字だ。この表記には中国とポルポト派を庇う仲間意識が窺える。

もっと小賢しい言葉の魔術が「極端な共産主義思想」という書き方だ。

共産主義に極端も中庸もない。なぜなら「極端なポルポト派がやった」とこの記者が書く「農村への強制移住」は、毛沢東が「大寨に学べ」でやった下放と同じだ。毛沢東はこれで知識人を根絶やしにし、国民の愚民化を図った。

共産党がやる拷問&強制労働

スターリンもキエフのユダヤ人をカザフに移し、タタール人を北に移住させているが、これは民族エネルギーを分散させ、民族の独立運動や抵抗を抑圧する意図からだ。ちなみに江沢民も彼に倣ってチベット人とウイグル人を満州にもって行き、満州人を新疆に移住させた。そういう非情を平気でやる。

「極端な」ポルポトはまた「虐殺」や「重労働」をやったというが、これもまた毛や金日成親子にかぎらず共産党政権ならどこでもやっている。ソ連ではラーゲリ（強制収容所）の生産がＧＤＰの20パーセントを占めたほどだ。

要するに別に「極端」でなくとも共産主義国家は例外なしに、個人の自由はなく、勝手に下放され、不満をいえば拷問の末に強制労働させて殺す。いま善良を装う日本共産党も同じことを過去に少しやったし、今もやりたくてうずうずしている。

この記事は「極端な」と一語を入れるだけで、共産主義の99パーセントはまともと思わせようとしている。詐欺師のような新聞だ。

（２００７年３月号）

「国家が悪い」といい続ける　朝日新聞・天声人語の愚劣

――子育て＝「子どもの管理」と、あくまで国家と国民を敵対させるが

「中共は立派な国」とする新聞

朝日新聞には時々びっくりさせられる。まともな新聞だと思っていたら、消費者金融の「武富士」から5千万円を詐取したり、それがばれたら返せばいいだろうと居直ったり。

あるいは安倍晋三、中川昭一両議員を名指しして「NHKの番組に政治圧力をかけ、番組を改変させた」とやった。それが真っ赤な嘘とばれても謝罪も訂正もしないで、金を握らせた〝有識者〟に無実を語らせる。

ふと、この新聞社にいる連中は、日本人ではないのではないかと思う。

実際、この新聞で名をなした「名士」の何人かは他の民族、血筋を持つ。

アイリッシュのジョン・F・ケネディも、ユダヤ系のバーバラ・ストライサンドも、それを誇りにしているように、彼らも誇り高い民族だというのだから、その出自を明らかに

すべきだろう。

自分の血筋を隠して日本人の名で日本を腐《くさ》したり、日本海を東海といってもいいじゃないか、竹島も上げちゃえばいいとか主張したりするのは、あまりフェアなことではない。

そういう非日本的なこの新聞の主張にはすっかり慣れっこになっていたつもりだが、5月12日付の1面コラム「天声人語」には、ついついのけぞってしまった。

いまの「天声人語」は、在京新聞社の中でも文章はおそらく最も下手で、おまけに特有の臭さがにじみ出る。

臭いところは鼻を摘まんで読むからいいとして、まず『橋のない川』の著者が「子育てという言葉を嫌った、子どもの管理に通じる意識があるからだ」という主張を挙げる。

「子」も「育てる」も大和言葉だ。日本人なら分かる言葉に「管理」という漢語で説明されるようなニュアンスがあるとはちょっと分かりにくいいい分だが、それはいい。

その子育てに「子守唄を歌い、おっぱいを与える。食事中はテレビをつけない。早寝早起き朝ご飯を習慣づける。嘘をつかない」を盛り込みたいと、教育再生会議が提言した。

「いい話だが」と天声人語子も納得しながら、でも「それが国の提言となれば話は違う」と全否定する。なぜなら「それは価値観の押し付け、(国家の)下請け人たることを親に求めることになってしまう」と断ずる。

「国」とはとんでもない悪で、国がいうことには必ず悪意がしのばされ、国民を誑《たぶら》かして、国民を奴隷にし、破滅させようと狙っているのだ、と。

それって延安整風をやって国民を騙し討ちにし、文革で国民に殺し合いをさせ、チベットを侵略し、ベトナムに戦争を仕掛けた中共政権のことだと思うが、この新聞は「中共は立派な国」ということになっている。

社会保障番号の導入に反対！

そんな国々より「日本という国は悪い」と天声人語はいいたいらしい。そういわれてみると、この新聞はずっと「国家がやることはすべて悪」と主張してきたことを思い出す。

たとえば、中国人が強盗殺人をやったり、極左集団がライフルや爆弾で暴れたり。それを防ぐために警察官が武器を使えるよう警職法が国会に出ると、この新聞は国が悪だくみしている、警察国家になる、教室に軍靴が響くと囃し立て、廃案にした。

あるいは政府が行革の柱に米国のSocial Securityに倣った社会保障番号の導入を図った。これが実現すれば、年金も納税も住民票など個人証明書、いわゆるＩＤもすべて一つの番号で済む。

つまり、いちいち役所に出向いて、自分が自分であることを証明する戸籍を取るという世界に例のない愚かな手間が省け、さらに金食い虫の役人を半減できる。

もっといえば、米国式に銀行の口座開設も社会保障番号をもとにすれば、仮名口座はなくなり、振りこめ詐欺もなし、密入国する中国人も日本で暮らせなくなる。つまり犯罪の大半も撲滅できる。

ところが、朝日新聞はこれも国家の悪巧みに仕立て白鴎大の石村耕治ら嘘を厭わない学者を使って「国家が国民を番号で管理する」「プライバシーを奪う」「私は番号になりたくない」とか騒ぎ立てて、その実現を阻んだ。「国家が国民の一挙手一投足を把握し、オーウェルの『1984年』の世界を現出する」と。

日教組の指針となった基本法

いま問題の社会保険庁の年金問題も、この社会保障番号を導入していれば起きなかったトラブルだ。あの社保庁の混乱も、密入国中国人が安心して犯罪を重ねられるのも、パチンコ店主が脱税して、北朝鮮に送金できるのもみな社会保障番号制に反対した朝日新聞のおかげなのだ。

しかし、朝日がこんなに日本人に迷惑をかけながらも、なぜ胸を張って「国が悪い」といい続けられるのか。

結論からいえば、その元凶はマッカーサー憲法だ。あの前文には「国民は政府の行為によって再び戦争の惨禍が起こることのないようにすることを決意する」とある。

これは「国家とは国民を誑かし自由を奪い、破滅させようとする悪だ」「だから国民は国家が悪い行為をしないよう監視する」という風に読む。

なぜ「国家」と「国民」を敵対させるのか。米国は、白人国家の財源である第3世界を勇気づけ独立を煽った「黄色い日本人」をその罰として再起不能に追い込もうとした。

どう不能にするか。そのヒントが英国のインド支配だった。英国はインドを駄目にするため「イスラムとヒンズーの対立」を煽った。ベンガル人とビハール人の対立も煽った。インド人たちはひたすら憎み合い、殺し合った結果、たった2千人の英国人に好きに支配された。チャーチルは「宗教の争いこそインド植民地の最大の防壁だ」といっている。

米国も日本の国内に対立を植え、争わせて駄目な国にしようとしたが、日本には宗教や民族の対立はない。それで国家と国民の対立を思いついた。

マッカーサーはそれを憲法に書き込み、さらに新聞人を呼んで「国家を監視する役割は新聞が担う。新聞は第四の権力だ」とおだてた。新聞社の中で一番馬鹿な朝日がそのおだてに乗って政権を目の敵にし始めた。

マッカーサーはもっと馬鹿な学校の先生も呼んだ。「お前らは国家が悪者だと教育しろ。誰にも文句を云えないように教育基本法に『いかなる圧力も排除する』という一項もいれてある」。これが日教組の指針となった。

かくて戦後60年、学校の先生も新聞も、毎日飽きずに「国が悪い」といい続けた。

安倍政権は小役人を馘にせよ

ただマッカーサーのいい方が不明瞭で、国民の敵とする「国家」が憲法の前文では「政府」と表現され、それが内閣を指すのか、もっと広く国家の三権を担う国会も裁判所も行政府も入るのか。政府に役人も含まれるのか。馬鹿な朝日には区別がつかなかった。

これまでは幸い、朝日の敵の自民党政権が続いたので敵は「首相」でよかったが、そこに村山富市が座ったりすると、さてどうしたものか。「マッカーサーが自民党政権と書いてくれれば」と愚痴も出たほどだった。

そんな曖昧なまま、いま、参院選を前に社保庁の不始末が飛び出した。窓口の小役人の怠慢は別に首相の責任でもない。広義でいえば前文にいう「政府」といえなくもない。かくて小役人の不始末に首相が責任を求められるという異常な形が出てきた。

安倍政権も小役人の公務員法違反だと突っぱね、天下った歴代の社保庁長官をみんな馘にし、訴追し、現役の役人も切ればいい。

国民もこんな野党や朝日新聞のいい分に振り回されることはない。

（2007年7月号）

朝日新聞の暴走に乗って「安倍批判」を展開した人たち
――戦後レジームの脱却という大事なテーマをそっちのけにして

なぜ安倍首相の責任なのか⁉

自分では新聞を読んで、書いてある事態はだいたい理解できていたつもりだった。

しかし、今度の参院選を前にして突如浮上した社会保険庁のふしだらが、なぜ安倍さんの責任になったのかがわからなかった。

それ以上に、例えば彼が掲げた戦後レジームの脱却という日本人にとっての大きなテーマをそっちのけにして、閣僚の絆創膏が不自然だと騒ぐことは、もっと理解に苦しんだ。

そのうち野党がいい立て、テレビが騒ぐ題材のシナリオが、だいたい当日の朝日新聞に載っていることに気づいた。もしかして朝日新聞が組み立てた戦略ではないのか、と。

例えば「戦後レジーム」だ。平たくいえばマッカーサーがこの日本に持ち込み、押し付けていった一切合財を指す。その目的はすべて「日本を衰退、滅亡させるというF・ルーズベルトの遺志に基づいている」とクリストファー・ソーン『米英にとっての太平洋戦争』にある。

マッカーサーはまず「日本は悪い国でアジアの国々に迷惑をかけた」といった。その一例にフィリピンではこんな悪いことをしたと厚木に着いて2週間後に新聞発表させた。

それが「ガソリンかけて焼き殺した」とか、「住民に4ガロンの水を飲ませて拷問し、憲兵が膨れた腹に飛び降り、彼は口から水を噴き上げて死んだ」とか。

しかし日本ではガソリンは血の一滴でそんな無駄はないし、まして魔女狩りと同じ水を無理矢理呑ませる拷問を日本人は知らない。むしろ米国がフィリピンを植民地にするさい、抵抗する住民に米軍がやりましたという米上院公聴会の記録がある。自分のやった悪いことを他人のせいにしてはいけない。

当時はまだまともだった朝日新聞が「俄かには信じ難い」とその嘘を指摘したら、マッカーサーは同紙を発禁処分にして力ずくで「悪い日本」を押し付けてきた。

日本は悪いから軍隊をもたず、戦争もしないとする憲法も押し付けてきた。

彼は華族を廃止した。日本を滅ぼすには天皇を取り除けばいい。それには周辺の根切りから始めて立ち枯れさせればいい。

マッカーサーの悪意がにじみ出ているが、それは雅子妃の登場で半世紀後に現実の危機となった。幸い秋篠宮さまに親王がお生まれになって今回はしのげたが、戦後レジームを脱却しない限り、この危機は今後も常について回る。

朝日は「戦後レジーム」の墓守

日本を危うくする存在は、社保庁に代表される役人だ。平等をうたうマッカーサーの国でも役人は例外的に「不浄」とされ、給料は民間以下で、厳しい監査と規制を受ける。有名なのは「20ドル制限」。役人は関係業者との接待などは禁止。知り合いからでも20ドル以上の貰い物は禁止という大統領命令だ。

ところがマッカーサーは、戦後日本でこの役人だけを別格の扱いにした。彼の占領政策はまず既存の日本のシステムをすべて破壊することだった。教育制度を変え、工業国を農業国に作り替え、財閥を解体し、航空力学など学術研究も廃棄させた。全てを壊したが、役人機構は手つかずどころか内務省を三つに分割するなど逆に総枠を増やし、裁量権を大幅に与えてもいる。

かくて役人は日本漁船が韓国やロシアに拿捕されようと、三菱自動車やペンタックスが米政府機関に恐喝されようと、一切知らんふりを決め込んで怠惰と強欲に生きてきた。社会保険庁に限らず、彼らはすべて日本を内側から食い荒らすシロアリ集団なのだ。

安倍さんは日本をおかしくしたすべての元凶は、マッカーサーが持ち込んだ戦後レジームにあると初めていった宰相だった。日本は悪いと戦後レジームは規定した。その尻馬に乗って韓国人が性の奴隷にされたと騒いだ。いや、そんな事実はないと安倍さんはきっぱり否定した。「日本は美しい国です」と。それが参院選のテーマだった。

しかし、マッカーサーの残した「戦後レジーム」には墓守がいた。朝日新聞だ。この新聞はマッカーサーに発禁処分を受けるや、さっさと転向してマッカーサーに忠誠を誓い、そのしもべとなった。

以来「悪い日本」をせっせと書き続け、戦後レジームの虚構の補強を続けてきた。南京で日本軍は略奪と強姦と大虐殺をやったと本多勝一に書かせ、朝鮮では女を拉致して性の奴隷にしたと植村隆に書かせた。沖縄では日本軍が集団自決命令を出したと大江健三郎に書かせた。日本はこんなに悪い国だと。

小沢の政治とカネは追及せず

朝日はまた滅びの憲法を平和憲法といい換えて、その護持を社是にしてきた。マッカーサーが温存した役人機構も朝日は擁護する。社会保険庁問題では元凶の元長官、堤修三に高説を語らせ、最近も成田空港総裁は天下りにやらせろと訴えていた。

朝日は、いわば「戦後レジームの化身」になる。その脱却をいう安倍さんは許されざる敵になる。朝日は今度の参院選を闇討ちの場に選んで仲間を語らい、子飼いの舎弟に総動員をかけた。

その一方で朝日は共産党と手を握り、民主党の小沢とも組んだ。役人も取り込んだ。あの「政治とカネ」スキャンダルの多くは、共産党や旧社会党系の労組員から得た。その見返りに小沢の政治資金の流用や角田義一の北朝鮮マネーなど、共闘仲間のスキャンダルは一切追及しなかった。

朝日には強みがある。各テレビ局ワイドショーがすべて朝日新聞を教則本にしているのを利用して、彼ら向けに「お友達内閣」「なんとか還元水」とかのはやり言葉を拵えて、ワイドショーで安倍批判を語らせるよう仕向けた。

実は保守、革新を問わず評論家はあれで朝日新聞を権威と認めていて、朝日に登場したがっている。それを朝日は今回フルに利用して彼らに反安倍を語らせた。

それが参院選前のあの嵐のような安倍叩き現象だった。新聞もテレビも「自民党の政治とカネ」はやっても「小沢のカネ」はやらず、「社会保険庁の政治責任」はやっても「美しい日本」はやらなかった。

新聞は公正な報道を心がける。新聞は良識があると主張し、だからテレビと違って放送倫理機構のような業界のチェック機関は不要といってきた。しかし、朝日はその盲点をついて偏頗で非道な報道を続けた。

評論家や解説者に良識はなし

参院選が終わっても「辞任に値する審判」(朝日)、「安倍さんでは代り映えを期待するのが無理」(日経)と倫理など吹っ飛んでしまえ式の罵詈雑言がテレビ新聞に溢れ返った。日本人に「水に落ちた犬を叩く」習性はない。まして寄ってたかってその犬に石をぶつける非情さは日本人の姿ではない。

安倍さんが所信表明のあと辞任したとき、あれほど辞めろといっていた福島瑞穂が「なぜやめた、無責任だ」と、今度は辞めたことに文句をつける。

日本人のもっている惻隠《そくいん》の情を彼女に求めること自体、無理な注文だが、たとえ外国人だとしてもこれはひどすぎないか。

それにしても一つの新聞が良識も選挙報道の公正もかなぐり捨てて滅茶をやって、それを誰も止められず、ついには首相の首も飛ばしたという事態をどう受け止めているのか。

「自分がみんなと同じ意見だということを恥じるどころか喜びを覚える」のが暗愚で困りものの大衆だとは、オルテガの言葉だ。

歯止めを失った朝日新聞の暴走を批判するでもなく、逆にそれに乗っかって安倍批判に口をそろえる評論家とか解説者とかにそれを恥じる風はない、むしろ喜びを共有しているようにも見える。

日本は結局ちっとも美しくなれなかった。

（2007年10月号）

反日から侮日になった朝日新聞社説にみる転換
——拉致や不審船問題の北朝鮮と戦前の日本を同じだというが

それほどでもない「美女」軍団

今年は日米戦争に負けて58年目に当たり、例によって例の如く「8月15日」にはそれなりの社説を、各紙が掲げた。

読んで「それがどうした」みたいのが大半だったが、今年は朝日新聞にちょっとばかり興味があった。

これまで「昔の日本と今の米国」は極めつきの悪い国で、拉致をしようが、強盗殺人犯を送り込もうが、「北朝鮮と中国」は、いつも「いい国」という不思議な識別をしてきた論説主幹若宮啓文がこの春、下ろされた。

善悪の区別もつかない論説主幹がいては部数が減るという経営サイドの判断からの更迭だそうで、後任は気配りのいいというか、他人の顔色を見るにとても敏なヒトだと消息筋は伝えていた。

どう気配りしたか、それが楽しみで当日の社説を読んでみると、早速、冒頭で「核開発を切り札にする危ない北朝鮮」にきっちり言及していて、金正日万歳だった前任者とはちょっとばかり違う味を出していた。

さらに国際テロを語り、「国連の権威も揺らいでいる」ことにも触れる。

茶々を入れるつもりはないが、国連に権威なんて昔からなかった。ないものは揺らぎようがないが、朝日にはそう書かなくてはならない理由がある。

今から40年前、「国連なんて田舎の信用組合みたいなものだ」と当時、防衛庁長官の西村直己氏がいった。国連の無能ぶりを喝破した直言だったが、そのとき、国連サマになんと失礼なと大騒ぎしたのが朝日だった。

北朝鮮のそれほどでもない「美女」軍団が、大邱のユニバシアード会場で雨に濡れそぼる金正日の写真を見た。「敬愛する首領様になんてひどいことを」と泣くわ喚くわ。大騒ぎして韓国政府に頭を下げさせたが、朝日の当時の騒ぎ方もそれと同じで、西村氏も国連サマ侮辱罪で辞任に追い込まれた。

だから、このくだりは国連至上主義という従来路線をこっそり修正したものだろう。

ここまでは気配りが感じられるが、そこからがいけない。「北からの脅威に備えよ」という国内の声がある。それがいけないといい出すのだ。それが軍国主義だと。いやボクだけがいっているのじゃあない。「日本は変わり始めた」という「外国の視線」が目立っているじゃないかと続く。

この「外国がこういっている」「みんなもそういっている」型の表現は、ジャーナリスト歴30年の経験でいわせてもらうと、100《パーセント》嘘っぱちだ。

シロをクロという慶応大教授

好例がある。慶応大の添谷芳秀法学部教授の「大国ではない選択」（朝日新聞6月8日付）という一文がある。

「最近米国のキャンパスではアジアの留学生が、外国に対して強硬で歴史認識に保守的な日本からの留学生を『日本のネオコン』と呼んでいるという」とある。

ひどい悪文だ。「外国に対して…」がどこにかかるのかよくわからないし、日本がいつ「外国に対し強硬」だったのか、その説明も事例も書かれていない。

むしろ日本はいつも弱腰で北方領土は取られ、竹島を占領され、尖閣諸島までやられそうなのに何もできずに、ＯＤＡや援助をし続けて、ひたすら「理解を求める」だけだ。今度、拉致された日本人の存在がやっと確認でき、その家族を返してくれと初めていった。それが「強硬」といいたいのか。

シロをクロというこの教授の私見を、しかし全米の大学に学ぶ「アジア留学生」もみんな支持していて、日本人留学生を「お前は日本のリチャード・パールだ、ウォルフォウィッツだ」と非難しているという。

米国に限らず、その出身国をステレオタイプ化した悪口をいうなんてことは、まともな学生はやらない。せいぜい街のチンピラが口走るぐらいで、そんなのは論議するにも値しない。しかし、この先生は自説の補強にそれを使う。おまけにアジア留学生とはどこの国なのか、キャンパスとはどこの大学なのかも書かない。いや書けない。

なぜならこういう「外国でも」とか「みんなも」というフレーズは、嘘を真実そうに見せかけるときの最も陳腐な手法だからだ。

話を戻す。

外国のいい分だけ信じる朝日

前述した朝日新聞の「外国の視線」にいう「外国」も同じで、そんな外国はない。

大体、日本は今までこの新聞のいうがままに在日朝鮮人の指紋押捺も止めた、永住外国人の指紋も止めた、「万景峰」号が悪さをさんざんしているのも遠慮して見逃してきた。

その結果、どうなったか。北朝鮮の悪さはいうに及ばず、日本で強盗殺人をやる中国系や朝鮮系の犯人が平気で指紋を残していくようになった。日本が彼らの指紋を掌握していないのを知っているからだ。

日本はそんな無防備でいることの浅はかさを今回の拉致問題、不審船問題でいやというほど知らされた。それで少し真剣に国の安全保障を考えた。それのどこが「外国の視線」を気にするほどの問題なのか。

それを気にする「外国」は、日本での犯罪で利益を上げている特定の国々だけなのに。

冒頭の十数行だけでもこんなにいんちきとんちきの多い社説も珍しいが、もっと問題なのが社説の真ん中辺り。「今の北朝鮮と同じように何をしでかすか分からぬ異様な全体主義国家だった日本は…」というくだりだ。

自虐史観は更迭された先代論説主幹の十八番だった。しかしこの一文は先代を超える。北朝鮮が「何をしでかすか分からぬ異様な全体主義国家」なのは分かる。

彼らは、韓国の大統領暗殺や大韓航空機爆破テロまでやっている。

南北で同じ民族がいがみ合うのは、その限りであちらの国内問題だが、そういう工作をするために日本人を百人以上も拉致し、その大方を殺してもいる。偽ドル、麻薬を外交官特権を利用して世界に売りさばき、体制への不満分子を何十万と殺している。

それこそ核爆弾だって撃ち込みかねない非常識な国だ。そんな非常識な国と、戦前の日本のどこが同じというのか。

この新聞は日本を指弾するいい分をたくさん持つ。南京大虐殺とか慰安婦問題とか。あるいは万人坑とかブキティンギの穴とか。

その全部が虚構だと指摘され、事実、大方が虚構だと証明されてもいる。しかし、この新聞はなぜかそれを検証もしないで「外国」のいい分だけを信じようとしてきた。

戦前の日本＝極めつけの悪か

この新聞はまた「満州に傀儡政権」を樹立したことも非難する。しかし、満州は中国固有の領土では一度も無かった。その境には万里の長城が走り、有名な山海関がある。その外側は化外《けがい》の地だった。満州はまさにその山海関の東側だ。だから満州の軍隊を「関東軍」と呼んだのではなかったか。

それがいつの間にか、中国の主権を侵害したという主張になる。そういう矛盾を一度でもいいから考える気はないのだろうか。

極めつけの悪と朝日がいう戦前の日本は、国際的には信義を重んじ、白人クラブを相手によくやったことは、歴史が証明している。

確かに戦前の一時期、ヒステリックな時代があったが、それでも今の北朝鮮とは大きく違う。要の新聞でいえば、軍部の記者管理制度に政府は最後まで抵抗したではないか。

北朝鮮と日本が同じという朝日の「8・15社説」は従来と明らかに違っている。そう、反日ではなく、侮日に路線を変えたのだ。

（2003年10月号）

第2章

大江健三郎と朝日新聞の奇妙な連携

「日本の復活」を喜ばない朝日新聞と松本健一の愚

――中国と朝日はかつてAPECを支持したのに最近はなぜ腐すのか

日本嫌いの「人権差別主義者」

評論家の松本健一氏は、著書『日本の失敗』の中で、日本嫌いの人種差別主義者ヘンリー・スチムソンの発言だけを根拠に「日本は侵略国家だった」と断じている。

動かない証拠がその30年代初頭の満州事変で、日本は満州に傀儡政権を樹立し、それを足場に支那を制し、ソ連の共産主義に対抗しつつ「英米の帝国主義に超越せんとするファシズム革命への一歩を踏み出した」(同書99ページ)としている。

それって田中義一首相が天皇陛下に世界征服を進言したという、あの「田中上奏文」とほぼ同じではないか。

しかし「田中上奏文」の中にはとっくに死んでいる山県有朋が意見を述べていたり、田中首相自身が朝鮮人のテロリストに襲われた場所を間違えたり。

要するに、すべて出鱈目。中国人が日本の評判を落とそうと捏造したいんちき文書で、北京の社会科学院の院長もやっと先日「そんな文書は存在しなかった」という趣旨の発言（『正論』'06年4月号）をして捏造を認めた。

しかし、松本氏はその捏造文書と同じ荒唐無稽な話を「スチムソンがそういっている」から「日本は侵略国家だ」と決めつける。

そして米国はその満州事変を見て軍事脅威としての日本を封じ込めに出て、ついには侵略国家・日本が米国と戦うことになったという風に、これまた史実のように述べている。

それでは満州事変に先立つこと40年、セオドア・ルーズベルトが「日本を制するためにハワイの島々に星条旗を何十本も立て、大西洋と太平洋を結ぶ運河を建設しなければならない」（戦略家アルフレッド・マハンへの手紙）と対日戦略構想を明かし、実際にそれからの数年でその言葉通りハワイを併合し、フィリピンを植民地にし、パナマを騙し取って運河を造ったことはどう説明するのか。

しかもこのルーズベルトの日本敵視策は次のウッドロー・ウィルソンに、さらにフーバー大統領の国務長官ヘンリー・スチムソンを経てフランクリン・ルーズベルトにまで途切れることなく、引き継がれていったことは少し歴史を勉強した高校生だって知っている。

ちなみに民主党のＦ・ルーズベルトは共和党政権の国務長官だったスチムソンをわざわざ陸軍長官に迎えた。「彼が日本嫌いだった」という一点での評価で、彼には日米開戦を期待して対日外交を行わせた。

ハワイ王国で抗議した日本人

では、最初にセオドアが日本敵視を始めたきっかけは何か。当たり前だが、松本氏のいう40年後の満州事変ではない。

これも歴史書にある。１８９３年、ハワイ王国を米国人グループが武力で乗っ取ったときに日本の巡洋艦「浪速」がホノルルに乗り込んで無言の抗議を行った。

白人国家が第三世界でどんな理不尽をやろうが、それは勝手だと１８８５年のベルリン条約で決めてあった。

しかし、日本が軍艦を乗り込ませて抗議したことは当然、世界の耳目をさらった。いくら白人の勝手とはいえ、これはまずい。米国はハワイ併合を5年も延ばすことになった。

この時代、白人は神様だった。例えばアルゼンチンでは近代化のために、わずかに生き残っていたインディオの皆殺しをやった。指揮したロッカ将軍はその功績で大統領に就任している。オーストラリアではアボリジニを撃ち殺す狩りが週末の白人の娯楽だったし、米国ではリンカーン大統領が奴隷解放宣言と並行してインディアン殲滅《せんめつ》を命じている。

そのインディオと同じ肌色の日本人に米国が恥をかかせられた。セオドアが「ハワイに星条旗をいっぱい立てる」と吼えたのは、このときの腹立たしさからの発言だった。

ところが、その日本はハワイ騒動のあと支那を叩きのめし、白人国家ロシアまでやっつけた。放っておけば、白人の権威は崩壊してしまう。セオドアの「日本を制する」思いは米国人共通の思いに膨らんでいったわけだ。

歴史の流れは、むしろ米国が日本に戦争を仕掛け、叩き潰したがっていたと見たほうが整合性はある。

米国が日本を潰したのは「日本が侵略国家だからではなく、第三世界を支配する白人の沽券からだった」と指摘したのがマレーシアの前首相マハティールだった。

「日本なかりせば」演説の意義

マハティールはいう。「大戦後、米国はドイツ、イタリアには復興援助をしたが、日本の復興は望まなかった」と。いわゆるマーシャルプランのことだ。ドイツは他国を侵略し、ユダヤ人の民族浄化という大罪も犯したが、米国は積極的に無償の復興援助をした。

しかし、日本への援助はすべて有償。勝手に憲法も変えて軍事力を放棄させ、さらにエドウィン・ポーレーの指揮のもとで国内の工場を解体して朝鮮、中国に送り出し、日本の工業レベルを下げさせた。ドイツやイタリアに対する復興計画とはまったく逆をやった。「侵略国家」を口実に、日本という第三世界に強烈なインパクトを与えた国を、再起どころか消滅させせかねない意図が窺える。

日本を滅ぼすに至らなかったのは、まさにポーレーがやってきて第二次工業解体をやろうとしたときに金日成が朝鮮戦争を起こしたからだ。日本にとっては僥倖だった。

このマハティールの指摘は、1992年10月に香港での東アジア経済フォーラムでの演説の一節だ。いわゆる「日本なかりせば」演説として知られる。

彼はこの中で「日本なかりせば（中国を含む）東アジアには模範とするものはなかっただろう。アジア人は欧米には太刀打ちできない、高度な産業は無理だと信じ込んだだろう。西側が懸念する新興工業経済地域（NIES）も生まれなかっただろう。日本はそんな東アジアの国々でも立派にやっていけることを証明した」と、日本の存在意義を語った。

マハティールはこの演説で語ったことを一つの形にしようとした。日本をリーダーに東南アジア諸国が結集した東アジア経済会議（ＥＡＥＣ）の立ち上げだ。形はまさに日本が夢見た大東亜共栄圏と同じものだ。

これに反発したのがクリントンだった。人種差別の強い彼はせっかく叩き潰した日本が自力で復興したのが気に食わなかった。それで司法省に命じて旭光学など日本企業を次々訴えて巨額の賠償金を巻き上げている。旭光学が訴えられたのは「Assembled in Hong Kong」の表示で、カメラの組み立てが香港と深圳で並行して行われた時期があったから、虚偽表示になるというヤクザより悪質ない い掛かりで40億円を脅し取った。

中国の存在感を強調する朝日

日本の復活につながるＥＡＥＣを潰すためにクリントンが持ち出したのが、アジア太平洋経済協力会議（ＡＰＥＣ）の拡大だった。

日本の復活を喜ばない中国とそのお先棒を担ぐ朝日新聞もこの時期、さかんにマハティールを叩き、ＡＰＥＣを支持した。

マハティールの思いが潰されると、今度は中国を盟主にした東アジア経済機構が出てきた。朝日は支持を表明し、添谷芳秀慶大教授に「日本は中国に仕える二流国という選択がある」と書かせたのもこのころだ。

これに対して、米国は今回ベトナムでのＡＰＥＣ総会で、ＡＰＥＣを母胎とした自由経済圏を提唱した。中国のアジア支配を嫌う東南アジア諸国は歓迎の意を表したが、朝日新聞のコラム「海外メディア深読み」はこれを「大風呂敷」と叩き「中国はますます存在感を増した」とＡＰＥＣそのものまで腐していた。

変節は構わないが、少しは変節する理由を説明しないと、読者が戸惑う。

（２００７年１月号）

「従軍慰安婦問題」－朝日はこうして虚報を洗浄する
――NYタイムズや中国の新聞記事など日本非難の大合唱に乗って

日系人マイク・ホンダの「品格」

「日本軍が朝鮮などで20万人の女性を自宅から連行し従軍慰安婦にして、虐殺した」と米下院議員マイク・ホンダがいい出した。

彼が並べた日本非難の材料は、日本に悪意をもつ朝鮮人が捏造したものだ。彼には前科があってカリフォルニア州議会当時、「南京大虐殺はあった」と、江沢民の主張と同じ言葉で日本非難決議を提案し成立させている。

彼はそれらの主張の根拠について検証もしていない。

ジョン・F・ケネディは、アイルランド系米国人だ。ホワイト・ニガーと侮辱され、プロテスタント主流の米国社会では少数派のカソリックで、それで大統領選も苦労した。

大統領になると、ニューヨークのセント・パトリック寺院のミサに出て、アイリッシュであることを誇った。

人種の坩堝《るつぼ》といわれる米国社会で、それぞれが自分の祖国と血筋を誇っている中で、独り日系のマイク・ホンダは祖国の誇りを捨てて朝鮮人や中国人にすり寄る。

こんな男が日系とは俄かには信じられないが、それでも米下院議員の発言となれば、無視はできない。

安倍首相はそれで彼の言葉を否定した。当たり前だ。日本があらぬ誇りを受ければ、それを雪《そそ》ぐのが国家の責任者の職務だ。

それにNYタイムズの日系人記者ノリミツ・オオニシが「否認が元慰安婦の古傷を開いた」と油を注いできた。

NYタイムズは日本嫌いが売りだから、これを受けて社説でも「従軍慰安婦は（拉致など）暴力があった。だから商業売春ではなく連続した強姦だ。『日本軍の性的奴隷』という表現のどこが間違っているのか」と決め付ける。

ワシントン・ポストも「日本軍が20万人女性を拘束したと歴史家は述べている」と、あたかも史実のように仕立て上げている。

米紙の日本非難の合唱に朝日新聞は「国家の品格が問われる」という社説を掲げた。

日本人が問いたいのは「日系人の品格」だろう。マイクやノリミツがなぜ嘘をついてまで祖国を貶めるのか。それに産経新聞の古森義久記者が一部を答えている。マイクがアイリス・チャンゆかりの在米中国人組織から金をもらっている、と。ノリミツも含めて人間のできが卑しいということだ。

しかし、朝日は「国家の品格」を取り上げている。世界に害悪を流す中国に対して日米の連携が重要性を増す時期に、当の米国が日本人をうんざりさせる「朝鮮人の嘘」に同調するとは何事かと「米国の品格」を問うのかと思ったら、大間違いだった。

「歴史の仕立て直し屋」を使う

この新聞は米国でなく日本の品格を問うている。そのいい分がいい。「米紙がそう書いているのに安倍首相はなぜ否定する」「一部メディアは業者がやったことで日本という国がやったことではないといい逃れる」。そして「なんとも情けない」と慨嘆する。

まるで米紙の報道は真理と同義語のように崇める。

世間は気づいていない、と朝日は思い込んでいるが、朝日新聞と米国や中国の新聞との間にはみごとな嘘記事のロンダリング（洗浄）・システムがあるのはみんな気づいている。

手口は簡単で、朝日はまず藤原彰、古田元夫、後藤乾一、吉見義明、吉田康彦など飼いならした「歴史の仕立て直し屋」を使って歴史をいじくる記事を書かせる。

それを同じ社屋にあるNYタイムズの特派員ノリミツらが米国の新聞に載せ、さらに中国、朝鮮の新聞にも書かせる。朝日はそれを「米紙や中国紙によると」と引用して「もはや国際的史実」と評価する。

贋ドルや覚醒剤で儲けた金をマカオの銀行からスイスに転送してきれいにする。金正日がやるマネー・ロンダリングの手法を朝日新聞は記事で真似ているわけだ。

しかし、この社説はそういう還流された嘘でも覆いきれない欠点がある。朝日は最初に「日本軍は朝鮮から女を拉致して性の奴隷にした」と書いた。それを安倍首相に嘘と決め付けられると「業者がやったからとはいい逃れだ」とくる。それはすり替えで、朝日はまず嘘を書いて日本人を侮辱したことを謝罪するのが筋だろう。その上で「戦場の慰安婦」を論じればいい。

ワゴンで売春婦がやってくる

しかし、その前に朝日は嘘つき学者にさんざいじらせた歴史の汚れを取る必要がある。

そうすれば「戦争とは相手を征服する」ことであり「征服とは相手の持ち物を奪う掠奪」だと分かる。7世紀に興ったイスラムも掠奪は正しいと教え、ただ戦利品、つまり掠奪品の分配は公平にといっている。

で、最高の戦利品は何かというと「女」なのだ。女を奪い犯すことは、その国家、民族の純粋性を奪い、征服者の血を入れることになる。征服の定義はだから「掠奪と強姦をする」ことなのだ。

かくて世界中の民族、国家は万古普遍、この定義に従って戦争してきた。例えばロシア人。第二次大戦末にベルリンに侵攻した彼らは、わずか半年の間に13万人のドイツ女性を強姦し、うち1万人を孕ませ、8千人は堕胎できたが、2千人は「目が寄った額の狭いスラブ人顔」の混血児を生んだ。

13世紀、欧州まで攻め込んだ蒙古人はイランやロシアに混血児を残した。生まれた子どもに蒙古系の血が出ると、その子は社会から排斥される。血の純潔を再確立する努力だと説明されるが、モンゴロイド系の日本人が聞くと微妙な響きが残る。

米国人もロシア人と同じで、第二次大戦に参戦すると英国で400件の強姦を働いた。欧州戦線では1万4千件の強姦を記録している。

無条件降伏した日本では、もっと残酷に振る舞った。米兵は民家に押し入り妻や娘を強姦し、抵抗すれば殺した。調達庁の記録では2千600人を超える人が占領期間中、殺された。世界中がやったことだが、例外はある。日本だけは日清戦争の昔から掠奪と強姦を軍律でやらなかった。日露戦争もその後の中国戦線、太平洋戦争でも然りだった。

しかし、生きるか死ぬかの戦場で若い兵士に我慢を強いるのは逆に統率を失う。街にある遊郭が戦場まで出張る。米国の開拓時代を描いた『エデンの東』にはワゴンで売春婦が街々を巡回する情景がある。あれと同じだ。

真実を書けない新聞は廃刊だ

戦場にワゴンを走らせて相手民族の尊厳を最低限保つという、日本人らしい配慮を理解した1人に金完燮がいる。彼の『親日派への弁明』に賞賛をもって書かれている。秦郁彦は慰安婦の数が2万人で、半分が日本人だったことを明らかにしている。朝日が吉田清治と組んで流した朝鮮人拉致も当の朝鮮人によって否定された。

米軍が当の慰安婦の聞き取り調査もやっていて、ビルマ戦線での調書では売春婦を搾取した朝鮮人経営者が追放されたことや、毎週1日は休養と性病検査が義務付けられていたこと、親の借金で売られてきた朝鮮人売春婦が借金を完済して帰国した記録もある。

朝日新聞は4月1日以降、嘘をやめると宣告した新紙面で慰安婦問題を取り上げた。中身は珍しく嘘はないものの、マイク・ホンダにせっかくインタビューしながら、なぜ彼が嘘をついたかは聞かず、彼のデータのいい加減さの指摘もない。子どものお使いでもあるまいし、実に食い足りない。

嘘を書かなくなった分、何を書いていいか分からない戸惑いが覗いていた。真実を書けないなら、いっそ廃刊するのもいい。

（2007年5月号）

「沖縄問題」を政治利用する大江健三郎＆朝日新聞の罪

——『沖縄ノート』の出版差し止め裁判は大江敗訴の予感もあるが

ノーベル賞作家は日本が嫌い

土井たか子とか筑紫哲也とか、氏素性がはっきりしない人たちが日本の悪口をいうのは、まあ半分は嫉妬からだろうと想像はつく。

しかし、たとえば大江健三郎のように、日本人のくせに自分の国を悪し様にいって喜ぶ神経はよくわからない。

彼は文学者だという。ノーベル賞も貰っている。まともな人に見えるが、彼は日本が嫌いだから日本政府がその功績を顕彰したいといってきたのを断ったとわざわざ吹聴する。日本を嫌ってみせれば、それがいかにも進歩的な知識人に見えると思ってのことか。あるいはそういうポーズをとれば朝日新聞が喜び、囃し立てて著作が売れる。かえって儲かるという打算があるのかもしれない。

嫌らしい身過ぎだが、それは彼の勝手だ。ただ、そういうポーズのためだからといって嘘はいけない。

彼は『沖縄ノート』という作品を岩波書店から出している。この中で彼は、米軍が上陸した渡嘉敷と慶良間で、日本軍の守備隊長が住民に集団自決させたと書いている。

物語の下敷きは沖縄タイムズというい加減な新聞が書いた「鉄の暴風」だ。そこには「米軍の攻撃が激しくなると避難中の住民に自決命令が赤松隊長からもたらされた。『全島民は皇国の万歳と日本の必勝を祈って自決せよ』と命令したのである」

「座間味では米軍上陸の前日、梅沢隊長が忠魂碑の前に住民を集め玉砕を命じた」

結論を先にいえば、この話は最初から最後まで嘘っぱちだった。しかし大江は現地に行きもせず、話の真偽もたしかめず、関係者に話も聞かずに、この作り話に乗って『沖縄ノート』を書いた。

ただ真似ただけなら「他人の著作を剽窃《ひょうせつ》しました。朝日新聞の記者もやっているから問題ないと思いました」みたいないい訳で済んだかもしれない。

しかし、彼は貧相な想像力と語彙で元の話を膨らませ2人の隊長と日本軍をひたすら憎々しげに描き上げた。

彼は2人の隊長を「屠殺者」と罵り、いつものように日本軍をヒトラーに擬し、だから赤松隊長らはユダヤ人虐殺を指揮したアイヒマンと同じだ、「アイヒマンと同じように拉致してきて沖縄の法廷で裁いて」処刑してしまえとまで書いている。

彼はこれを'70年に出している。'70年安保闘争の年だ。時代に素早く迎合する小賢しさはある。その賢しさの10分の1でも自分の筆になぜ生かさなかったのか。

大江氏は朝日コラムで〝弁明〟

彼の不遜さは、同じ題材を扱った曽野綾子さんの『ある神話の背景』と読み比べればよくわかる。曽野さんは現地に行き、関係者の話を聞き、資料を渉猟し、大江の『沖縄ノート』の3年後に出版している。

その中には大江が「屠殺者」と罵倒した赤松嘉次隊長が集団自決を思いとどまるよう説得したという証言が語られ、戦後、島民から遺族年金を受給できるよう自決命令を出したことにしてくれと頼まれ、赤松隊長が善意でそれに応じたことも書かれている。

座間味島の「梅沢裕隊長の自決命令」も同じだ。宮城初枝は島の長老から「梅沢隊長から自決命令があったと役人にいえ。そうすれば遺族年金が取れる」と命ぜられ、偽証したことを明かしている。

もし大江健三郎に良心があるなら、この著作をすぐ絶版にしただろう。しかし、彼は50刷を重ねた今もその嘘の訂正もしていない。

しかし、彼の傲慢も2人の隊長関係者からの訴えの前に崩れ始めた。

文科省の教科書検定でもノーベル賞作家の言葉に阿《おもね》って記述された「軍の命令による集団自決」の嘘をやっと削った。大江健三郎の敗訴を予感させる展開だ。

だが、大江に反省はない。朝日新聞のコラム（4月17日）に現地取材もしなかった理由を「苦しみつつ生き延びた島の人に聞きただす勇気がなかった」とぬけぬけ書く。

「島の人」は金が欲しいから情につけ込んで嘘をでっち上げ、遺族年金をせしめた。沖縄での戦争の惨禍が酷かった、これくらいは大目に見てよ、というのが最初の話だった。

大江裁判で裁かれるべき問題

それで味をしめた「島の人」はもっと政治的に利用し、もっとカネを引き出そうと企んで2人の隊長を極悪人に仕立て上げた。それを問いただすのになぜ勇気がいるのか。

彼はここから一般論風に「日本軍は自決しろと常日頃、住民にいっていた」から自分のいい分は間違っていないという。

訴えは「2人の悪鬼のごとき隊長が自決命令を出した」の真偽を問うている。なぜそんな単純なことをはぐらかすのか。

こんなお粗末ないい訳を、なぜ朝日新聞が載せたか。この新聞は彼の嘘をもとに「日本軍は悪鬼」という主張を展開してきた。だから大江がこけたら朝日もこける。それで彼にこのコラムを書かせる一方で、朝日自身も逃げを打ち始めた。

5月14日付の慶良間ルポの見出しは「潔く死んで・兵隊はいった」。軍が自決を強いたといいたいらしいが、中身は見出しと違って住民が戦闘の巻き添えにならないよう米軍に投降を勧めてくれたという話。こういうのを羊頭狗肉という。

朝日はその失点を6月23日の沖縄陥落の日の社説で取り戻そうとして「集団自決が日本軍に強いられたのは疑いようのない事実とされてきた」と書く。

疑いのない事実といってきたのは朝日と大江健三郎だけだ。でもこれを「疑うべき事実ではないか」と問うたのが大江裁判だろうが。

社説は「敵に捕まれば女は辱めを受け、男は残忍に殺されると日本軍は教え込んだ」といい立てる。だから自決しろと。そう教え込んだのは戦前の朝日新聞であり、そしてそれは紛れもない事実だった。

山縣有朋の戦陣訓は、支那人の残忍さがなまじでないことを伝えている。ロシア軍はすぐ強姦に走るが、反日の佐高信の推薦図書『水子の譜』には「鮮人」が日本人の男を残忍に殺し、女は陵辱した。その数は「ロシア軍を上回る」とある。

米軍の残忍さはリンドバーグが伝えているが、戦後もそれは続いた。米軍兵士に殺された日本人は2千500人を超え、陵辱された女の数は数万人ではきかないと調達庁の資料はほのめかしている。

「金日成万歳」の反省もなしに

この社説の特徴は、大江と同じ。日本軍が悪く、集団自決はその指導によるところを多とする。だから、と朝日は教科書検定で軍命令による集団自決がないというのは行き過ぎだといい、一方、大江は赤松隊長もその日本軍の一員だから、「命じた」「命じていない」は些細な問題だという論法だ。

朝日新聞では、かつて北朝鮮の帰還問題で10年を超える北朝鮮礼賛、金日成万歳の紙面を作ってきた。その嘘がばれると、急ぎ、帰還事業は日本赤十字の主導だった、いや日本政府も犯罪者の多い朝鮮人の送り返しには積極的だった、と責任転嫁に専念した。

大江健三郎裁判でも、尻に火がつきそうになると実に素早く責任転嫁を図る。いざとなったら大江を切るか、いい見ものだ。

もう一つ、この問題では沖縄県政のあくどさを見落とせない。戦争の惨禍や、国の安全保障の最前線とされる現状への不満は理解できる。だからといって、嘘を承知で2人の隊長の名誉を踏みにじって政治利用していいということにはならない。そんなことをしていると大江健三郎みたいになってしまう。

（2007年8月号）

朝日新聞を糺すために「倫理チェック」機構が必要だ

――大江健三郎の主張をそっくり採用して無罪論を展開するお粗末

中国人と変わらぬ大江健三郎

大江健三郎は「私は戦後民主主義の世代ですから」と、よくいう。だから天皇制も受け入れないし、日本という国も嫌いで、「文化勲章など受けたくもない」と、ほとんど中国人と変わらない姿勢を打ち出していた。三島由紀夫はそんな大江を「岩波楼で（反日路線という）春をひさぐ女郎」という風な趣旨の人物評をしている。

彼の場合、身過ぎのためやむをえず節を曲げた家永三郎と同じだというなら、まだ理解できる。しかし、彼はただ節を曲げただけでなく、意識的な悪意を盛り込んでいる。ルース・ベネディクトは日本人の型に恥があると『菊と刀』に書いている。その意味で彼は日本人離れしている。恥を知らなければ、平然と嘘もつける。

彼は身過ぎゆえに文化勲章は拒否した。それは彼の勝手だが、そのくせ'94年にはノーベル文学賞を貰いにストックホルムにまで出かけていっている。

文化勲章とどう違うのか。彼は「あれは国でなくスウェーデンの一般の人々からもらった」と平然と答えた。

それは真っ赤な嘘だ。ノーベル賞の式典はカール16世グスタフ国王の臨席で行われる。そしてまさにそのグスタフ国王から彼は賞を授かったではないか。グスタフ国王はただの平民だというのか。

その後、彼はフランスからレジオン・ドヌール賞を贈られ、それも受け取った。この賞は彼が忌み嫌う「皇帝」のナポレオンが作ったものだ。

おまけにシラク大統領が「大国の証明」として太平洋で核実験をやったときは敢然と反対したのに、受賞するときには「英米と違ってフランスはいい核政策をもっている」から勲章をもらってもいいのだと『徹子の部屋』で堂々語る。その昔のソ連の水爆はきれいみたいな発言を平然とやる。

日本人の潔さなどこれっぽっちもないが、実際、彼自身「日本人であること」を恨むと書いている。

'61年の『群像』に書いた一節には結婚式を挙げた夜、北朝鮮への帰還船に乗って帰って行く在日の女を描いたテレビドラマを見て滂沱《ぼうだ》の涙を流して呟いた。「私には帰るべき朝鮮がない。なぜなら日本人だから」と。

このころ朝日新聞は「北朝鮮は地上の楽園」というキャンペーンを展開していた。実は朝日が金日成に命じられて労働力と資金を北に送り込むために仕組んだ偽りの宣伝だったが、大江もそれに協力していたのだ。

そんなに朝鮮に行きたければ行けばいい。別に日本人は悲しまない。むしろみんな喜んで送り出したい気持ちだ。

朝日新聞に騙された日本人妻

それに彼だって帰還船に乗れないわけではない。朝鮮人女性と結婚して日本人妻ならぬ日本人亭主になればいい。現に3千人の日本人女性が朝日新聞に騙されて朝鮮人の夫と帰還船に乗って地獄に行っている。

大江はこう書けば、そういう反応が出るのを計算していた。だから彼が「朝鮮人でないこと」を悔やむテレビ番組を見たのが「結婚式の夜」としたのだ。

それは、彼が未婚だったら朝鮮人女性を娶って朝鮮にすぐにも行ける。そんなことになったら困るから、朝鮮人女性とは結婚できない状況を用意した。

「残念ながら日本人女と結婚しちゃったから」といい逃れができるからだ。こんなところがいかにも計算づくでいい人を演じきる彼らしい。

その彼の作品に『沖縄ノート』がある。

戦時中、渡嘉敷島の守備隊長、赤松大尉が足手まといの住民に集団自決を強要した。まるで鬼。非道で人非人の日本軍の象徴だ。だから、アイヒマンと同じく沖縄につれてきて死刑にすべきだと書いた。

彼はこれを書くのに一切の取材をしていない。偏向が売りの沖縄タイムスの『鉄の暴風』をネタ本にして、大江が身過ぎにしている日本嫌いの視点で好きに脚色したものだ。

しかし、この新聞社は、果たして鵜呑みにするほど信用できるのか。

仕掛け人・朝日と大江の連携

実際、このネタ本には一片の真実もなかった。例えばこの本では「赤松大尉が自決を命じた」としているが、それは戦後「そういうことにしてくれたら島民に遺族年金が出る」

と村長に頼まれたことが判明している。また「住民を自決させろと隊長が命じ、それを聞いた地元出身の知念少尉が悲憤のあまり慟哭《どうこく》した」とあるが、当の本人がそんな命令もなかったし、慟哭もしていないと証言する。

そんな危ない本を「まず言い訳を考える」大江がなぜ信じたのか。これは推測だが、おそらく朝日新聞が保証したと思われる。なぜならこのインチキ本は編纂こそ沖縄タイムスだが、出版は朝日新聞社なのだ。大江先生、これはいけます。日本を好きに腐《くさ》してください、とか勧めたのだろう。

かくて本当は自決に逸る渡嘉敷の住民をなだめ、生き抜くよう励ました赤松大尉をまるで毛沢東みたいな残忍な人物として描いた本が大手を振って出回った。

しかし、嘘はばれるものだ。大江が訴えられ、さしもの彼も年貢を納めるかという流れになって、改めて仕掛け人・朝日新聞と大江の緊密な連携が表面化してきた。

大江はここでレジオン・ドヌール賞をもらったとき以上の奇妙な言い逃れを朝日新聞に載せた。私は隊長が集団自決を命じたとはいっていない。日本軍が住民に最後は自決せよと思い込ませた、事実上の命令だ、と。

これも朝日の入れ知恵だろう。この新聞は以降、大江の言い訳を発展させ、沖縄の集団自決の背景には日本軍の関与があるという論調を展開する。明らかなすり替えだ。

そして、大江が法廷に立つ日が来た。鬼籍に入った赤松大尉の弟が、兄をアイヒマンのペテン師のと誹謗した大江を糾す場面を、朝日は「大江さんは目をそらすことなく（証言者を）じっと見つめた」と書く。普通は「反省の色もなく」「ふてぶてしく」と書くところだろうに。

次に大江が証人席について「赤松大尉が自決命令を出したとは書いていない。ここは日本軍が命じたと読むべきだ」という詭弁にもならない言い訳をした。

傍聴席からこんな日本人もいたかという失笑が漏れたが、この部分も朝日に書かせると前略中略で「約2時間の証言が終わるとほっとした表情で静かに席を立った」となる。

文科省の検定問題へすり替え

朝日新聞はその間も大江問題を文科省の検定問題にすり替える作業を続け、並行して関係機関への恫喝も怠らなかった。

標的にされた文科相が譲歩するや、朝日新聞は「学んだものは大きかった」（12月27日）と題する社説を掲げた。

この中で朝日は発端となった大江の『沖縄ノート』には一切触れず、「集団自決の背景には当時の教育や訓練があり、集団自決が起きた状況を作り出した主な要因には手投げ弾の配布などがある」と大江の主張をそっくり採用している。つまり大江は無罪だ、無罪にしろと裁判所に脅しをかけているのだ。

昨年、ＴＢＳの不二家報道で、報道倫理機構がＴＢＳを罰する判断を示した。新聞は良識を持っているからそうした機構はいらないといってきたが、朝日新聞を見る限り、およそ倫理観はない。

新聞界にそれをたしなめる力がないなら、テレビと同じように倫理チェック機構を早急に作るべきではないか。

（２００8年2月号）

第3章

卑屈で浅薄な大学教授を叩き出せ

小沢一郎に褒められたい　日本の新聞はお粗末だ！
――韓国が抗議をする記事は産経の黒田記者しか書けないのか

オランダは国も悪し人も悪し

その昔、今上天皇が御訪欧されるおり、オランダの首相が先の大戦でオランダ人にした日本軍の戦争犯罪行為について、陛下が謝罪をするよう求めてきた。

この国は対日戦争で虎の子の植民地インドネシアを失い、欧州の貧乏国に転落した。それが腹立たしくて日本から莫大な戦時賠償を2度も取り立て、その後も日本の悪口をいい捲ってきた。

昭和天皇が訪れたときには、やはり謝罪を無理やり語らせ、お乗りになった車に金属製の湯たんぽをぶつける非礼も働いた。

そして今度また2代にわたって天皇陛下に謝罪を語らせようという。

あまりのあくどさに日本の新聞はきちんと答えるべきだと思い、当時もっていたコラムに「江戸芸人の予言」という一文を書いた。

慶応年間、欧米を巡業した会津の曲芸師一座の座長、高野廣八のことで、3年にわたる欧米巡業をこまめに日記に付けていた。

米東海岸に着いたあとホワイトハウスに招かれ、ジョンソン大統領と「握手をし」、その夜は「女郎買いに参り候」。

女は日本人より「幾そう倍も床上手」だが、ことの処理は桜紙ではなく「手ぬぐいを使い翌朝、それで顔を洗い拭くなり。まことにむさくるしい」と文明批評もある。

廣八は訪れた欧米各国について概して好ましく書いている。英国では枕探しに遭い、金を盗まれるが、日記では警察が犯人を含めた何人かを並ばせていわゆる面通しをやる、その手順を面白がって詳細に書いている。

ただオランダだけは「国も悪し人も悪し」と救いのない書き方をしている。実際この国ではオランダ人にからまれ刀を抜いて喧嘩までしている。

そういえば江戸中期に日本にきたスウェーデンの植物学者ツュンベリーも彼の日記の中で「日本人は長崎・出島にくるオランダ人を憎んでいた。彼らが奴隷を売り買いし、酷使することに顔をしかめていた」と書く。それに比べ「日本人は礼儀正しく、心やさしい」

とべた褒めして「もちろん悪いことをする日本人もいるが、それはオランダ人に影響された者だ」とまでいい切っている。

日本人は、オランダ人とは昔からそりが合わなかった。それを廣八の言葉を引用しながら新聞のコラムに「昔の人はモノを見る目があった」と書いた。

そうしたら、オランダ大使が新聞社に抗議してきた。日本との友好を損ねると。冗談だろう。陛下には非道にも何度も謝罪を要求し、危険物を投げつけておいて友好を口にすること自体がおかしいと突っぱねた。

日本は文明を打ち壊す侵略者

しかしオランダ側は強硬で、あちらでは著名な週刊誌『エルセフィア』が取材にきて、次にあちらのテレビ局がきてオランダの代表紙『NRCハンデルスブラッド』まできた。

それでオランダがむくれる先の戦争について、「日本が英米と戦争を始めたらオランダが勝手に宣戦布告してきた」史実をまず指摘しておいて、コラムでは遠慮して書かなかったことも話してやった。

オランダの宣戦布告で「日本軍が800人ほどで、オランダ軍ら8万人が籠るバンドン要塞を攻めたら意気地なく1週間で降伏した」こと。それ以降オランダ人はのんびり捕虜生活を送り、日本の敗戦が決まると「ひどい食事を食わせた」「捕虜虐待だ」と連合軍の中で最大の220人余を絞首刑にしたこと。

その他にもBC級戦犯の尋問と称して天井からぶら下げ、サンドバッグ替わりにして何十人も殴り殺していたことなどなど。

ついでにいえば、大量降伏したのはオランダのほかシンガポールで英軍が、フィリピンで米軍など合わせて25万人近くもいた。

食えなくなって戦争を始めた日本は、のっけからこんな大量の捕虜を養っていくことになる。海軍軍令部にいた高松宮は「割に合わぬ話なり」と語られたが、それもオランダ人は知らなかった。

ハンデルスブラッド紙が半ページを使ってこの主張を載せたが、それには凄まじい反論が寄せられた。同紙はそのうち読むに耐えうる反論をまとめて1ページ分を掲載したが、例えば、インドネシアの植民地化は文明を教えるもので、日本はそれを打ち壊す侵略者だといった主張ばかり。そこから滲み出るのは吐き気を催す独善と人種差別だった。

慰安婦の虚構をたれ流す朝日

ただ、このオランダ人の意識以上に驚いたのが日本の欧州特派員の反応だった。フジテレビの某特派員はわざわざ我が社幹部に注進して「オランダ人を怒らせるとは何事か。筆者を早々に処分してオランダに陳謝すべきだ」と言ってきた。

オランダの非は伝えなくていい。波風立てず、外人、とくに白人によく思われることが大事という「外人崇拝」意識は彼に限らず大方の特派員が共通して持つ。悲しい性だ。恐れることなく事実を書いてどこかの国がむくれたら、記者にとって勲章ではないか。

産経新聞の黒田勝弘ソウル特派員に韓国政府が抗議を突き付けた。

例の慰安婦問題が米議会に提出されたおり、韓国のマスコミが大盛り上がりしたことを黒田特派員が「民族的快感を楽しんでいる」と報じた。

それが「個人の主観的な感情が入った記事で、メディアの正道とかけ離れて」いて「韓国に対する歪曲、中傷」だという。

「歪曲」とか「中傷」というのは、朝日新聞が安倍政権や参院選でやった良識のない報道についていう言葉だ。その朝日の植村記者がでっち上げた「慰安婦」の虚構を知っていながらあそこまで馬鹿騒ぎする韓国世論は、紛れもなく刹那的な「民族的快感」に酔っているとしか見えない。

こういう因縁は、それが真実を衝いていると思っていい。口では日韓友好をいいながら、毛沢東に倣って日本と関係のあった者を曾祖父にまで遡って罰する親日派法まで作る。自国の片割れが偽ドルや麻薬から核問題で暴走しているのには知らんふりをする。そんな卑屈な素性が透けて見えてくる。

ソウルには黒田記者以外に朝日も毎日、読売もいるが、こうした報道は一片もない。

中国報道も同じ。これも産経になるが、野口東秀特派員によれば中国政府は北京五輪開催まで圧政も虐殺も少々手控え、外国人記者の取材も大目に見る特別措置を講じている。

それでも「一時的に軟禁されたり」「取材相手が拘束されたり」の脅しに遭うという。

中国河川の汚染には触れずに

ニューヨーク・タイムズも産経と同じに「ミラノの製薬見本市にパナマなどで数百人の死者を出した中国の風邪薬メーカーが平気で出店している」とか「がんとアルツハイマーに効くという怪しげな新薬を別の中国の製薬会社が出していたが、社長は欠席した。なぜなら彼は偽薬を売った罪で米国の刑務所にいるからだ」とか、北京がいやがることを書いている。

しかし、朝日も日経も中国の河川の汚染や中国食材の危うさもなかなか書かない。それどころか「陽澄湖の上海蟹は健在」（朝日新聞）と書く。その湖に先日いって見たが、ヘドロと悪臭で涙が止まらなかった。

朝日はかつて北京政府の意向に従って文革を称え、死んだ林彪を半年以上も「生きている」と報じて中国に感謝された。

朝日はまた小沢一郎のいいなりに記事を書き、参院選を勝利に導き、彼の辞任騒動のおりに小沢に絶賛された。

新聞は事実を伝えるのが仕事で、犯罪者に褒めてもらうことが仕事ではない。

（2007年12月号）

外国人参政権の裏にある「税金逃れ」の横暴な要求

——被害者を装い所得税は不払い、住民税や固定資産税もとぼける

スミソニアン博物館の「B29」

1826年というと、米国がインディアンの虐殺を始め、メキシコからいかにテキサスを騙し取るかを考えていたころになる。

そんな米国に英国の貴族ジェームス・スミッソンが「人類の叡智の向上と普及のために使うように」と全財産を寄贈した。

今、歴史博物館など19施設を擁するスミソニアン協会はその基金が基になる。

それぞれの施設は人類の輝かしい叡智の成果が展示されている。宇宙航空博物館にはライト兄弟の「フライヤー」や大西洋単独横断飛行を果たしたリンドバーグの「スピリッツ・オブ・セントルイス」、音速の壁を破った「ベルX1」、そして月面着陸を果たしたアポロ11号の指令船が並ぶ。

ビキニの核実験に関わった物理学者マーティン・ハーウィットが80年代末、同館の館長に就くと、彼は懸案の「エノラ・ゲイ」をこの栄光ある殿堂に飾るといい出した。

この機は何の変哲もないＢ29爆撃機だが、ただ日本の敗戦間際、広島に核爆弾を投下して10万人を焼き殺したことが、その他のＢ29とは異なっていた。

それがスミッソンのいう「人類の叡智」とマッチするとは思えないが、実はこのＢ29を「是非ともスミソニアンに」という声はずっと前からあった。なぜなら、彼らにとって原爆は「他の白人国家がどこも勝てなかった黄色人種国家・日本をやっつけた白人の叡智の結晶」だからだ。

それは「神の御業、太陽の光を、我々は地上に再現し日本を倒した」というトルーマンの言葉にも表れている。

彼だけでなく、全米のジャーナリスト、学者を対象につい先年、行われた「20世紀100大事件」アンケートでダントツの1位に輝いたのが月面に人類が立ったアポロ11号でもなく、フレミングの抗生物質発見でもなく、この10万人殺戮の広島原爆だった。

白人が他人種に優越することをこれほど具体的に見せたものはないというワケだが、米国の一部にはまともな意見もあった。例えば海軍提督ノエル・ゲイラーは「日本は敗北していた。我々は日本のどこでも自由に飛んでいけた。もしエノラ・ゲイが特別だとするなら、それは人類に対し米国が初めて核を用いたということだ」。

ウイリアム・レーヒ参謀長は「原爆投下は我々が野蛮人以下の倫理基準を採用したことを意味する。私はこんな風に女性子供を殺すよう教えられたことはない」。

原爆は悪魔の所業でしかない。それを投下した機をスミソニアンに飾るなど、とんでもないという意見だ。

「南京大虐殺」をもて囃す米紙

こういう正論には反発しにくい。それで白人優越主義者は「日本人は残虐だ」というデマに力を入れた。日本本土上陸の際の死傷者は数万人と見積もられたが、それを「200万人」にまで水増しし、原爆投下こそ神のソドムへの怒りのいかずちだと主張した。

ニューヨークタイムズも同調して東南アジアの話が出ると「かつて日本が残虐行為をした」という枕詞をつけ、江沢民のいう根拠のない「南京大虐殺」も同紙はそれを真実のようにもて囃した。

それでもエノラ・ゲイをアポロの隣に置くことは難しい気配だった。

で、ハーウィットはエノラ・ゲイは「ゲルニカからヒロシマまで」というコンテクスト、つまり戦争の悲惨さを訴える「二つ目の展示」と同時に行うことにして作業を始めた。つまりエノラ・ゲイの展示場には、原爆によって焼け爛れ死んでいく子供たちの写真など、惨禍の凄まじさを示す品々も置かれるということだ。

これに白人は怒った。黄色い日本人を人間扱いするのもおかしいが、そんな写真を並べれば米国人が女子供を平気で殺す残酷な人種だとばれてしまうではないか、と。

論争は激化し、ハーウィットは「二つ目の展示」に強硬に反対する在郷軍人会などの反論を一身に浴びた。彼は行き詰まった論争を解決するため「二つ目の展示」は取り止め、エノラ・ゲイの展示にも説明をつけないことにして、ここまで揉めた責任をとって彼自身も辞任することで決着した。

「エノラ・ゲイ展示」のトリック

彼は著書『拒絶された原爆展』で主張していた広島の惨禍を伝える展示がキャンセルされ、そのポストを追われた悲哀を語る。

しかし、現実は違う。彼は「スミソニアンにエノラ・ゲイを飾る」という戦後半世紀果たせなかった超難問を実にスマートにクリアした知恵者、英雄という評価なのだ。彼はもともと「二つ目の展示」をやる気もなかった。しかしそれを提示すれば、大論争が起きることを読んでいた。その騒ぎが大きければ大きいほど、「一つ目の展示」つまりエノラ・ゲイの展示は当然の前提のように人々に思わせることができる。

このトリックにみごとに引っかかったのが、日本人だった。原爆の惨禍を伝える展示がぽしゃった。米国人に彼らの非道を見せ付ける最もいい機会を失った。館長が努力の足りなかったことを詫びて辞任すると、日本人はご苦労様とまで声をかけた。

そして気づけば、エノラ・ゲイが堂々と飾られているではないか。日本人は怒るタイミングを逸して黙ってしまった。

一つの欲求を達成するのに、別に過大な欲求をくっつけて出す。みんなが過大な要求に大騒ぎを始める。ころあいを見て二つ目の過大な要求を渋々と取り下げ、本命の一つ目の欲求を手に入れる。手品みたいなものだ。

こういう手管をこのチェコからの移民にちなんでハーウィット方式と呼ぶとすると、実際の外交にも随所に同じ騙しの手口を見ることができる。

例えば、在日など日本に居候する南北朝鮮人たちがいう「参政権よこせ要求」。彼らは戦後間もなくから「強制連行された朝鮮人」を詐称し、日本に好きに難題を吹きかけた。

ちなみに強制連行というのは戦争末期、徴用されて日本に来た朝鮮人を指すが、彼らはGHQの命令でほとんどが半島に戻っている。

被害者を装う在日たちは所得税は不払いを決め込んだ上、住民税を半額にしろ、固定資産税を免除しろと税務当局に脅しをかけて認めさせ、現在もまともに納税していない。

朝日新聞が擁護する「参政権」

在留外国人は麻薬など懲役1年以上の罪で国外追放になるが、これも殺人以外はOKの懲役7年まで引き上げた。実際は殺人もさんざんやっているが、朝日新聞などの援護で過去1人も国外追放になっていない。

おまけに日本国民のため、と法律に明記している生活保護も外国人のくせに支給を求め、日本人が受給率1《パーセント》なのに彼らは同4《パーセント》も非合法に支給を受けている。

この謂われない横暴が最近、少しずつ明らかにされてきた。これではやばいと彼らも思い、そこで出してきたのが外国人で納税もしない彼らに「参政権を与えよ」というめちゃくちゃな要求だ。こんなのは論ずるまでもなく却下なのに、朝日は盛んに紙面で擁護して参政権の是非を論じる。

日本人はなにを馬鹿な、と思う。ことが進んで日本人の怒りが爆発する寸前、在日が仏頂面して参政権を取り下げる。つまり今までどおりとなれば、日本人もホッとする。

その一方、在日は従来どおり生活保護を受け、住民税も不払い、固定資産税もとぼけ続ける。日本人は参政権を取り上げた分、まあ少しは大目に見て非合法のたかりを許す。

参政権がどうのより、彼らの永住権こそいま再吟味するときではないか。

（2008年1月号）

朝日新聞のウケを狙う亡国学者&政治家の罪
——嘘つきで厚顔な学者が罷り通る中で自らの誤りを糺す動きも

うどんのルーツはワンタンか?!

支那学者の泰斗、青木正児の児は老頭児（ロートル）の児と同じに「ル」と読んでマサルになる。支那を知り尽くした男の茶目か。

以下は現代の支那学者、樋泉克夫・愛知県立大教授に教わったことだが、青木は「支那人（漢民族）を象徴する食べ物がニラニンニク」と断じた。

「自分が食えば香ばしく旨いが、人が食う傍にいれば鼻もちならない。しかし人の迷惑を気にすればこの美味は享楽できない」

それで利己的で人の迷惑をいっさい考えない支那人が生まれたのだと。

同じく支那通という東大教授の倉石武四郎は、北京に行くと長袍（チョウパオ）に着替えたという。それで孔子様にでもなったつもりらしいが、長袍は漢族を奴隷支配した満洲族の民族服だ。それも気付かず、支那文化万歳を叫んでいた。

その倉石の一番弟子が朝日新聞主筆の船橋洋一で、彼は支那人の持つ嘘つき根性だけを見習ったようだ。

彼は東ティモールで日本軍が5万人島民を殺したという嘘を後藤乾一・早大教授に書かせ、あたかも日本に賠償義務があるかのような論陣を張ってきた。

それで東ティモールのラモス・ホルタ大統領が先日やってきて、鳩山政権に7億円をねだった。嘘つき船橋のおかげで国民はまた7億円を騙し取られてしまった。

さて本物の青木の方だが、彼もまた小さなミスをした。うどんのルーツについて論文「饂飩の歴史」の中で支那のワンタン(饂飩)がうどんのもと。コントンが訛ってうどんになったとした。

学者がいえば、世間はそれを真実と受けとめるものだ。

しかし、伝承料理研究家の奥村彪生が疑問をもち「30年がかりで」支那中を歩き、「支那には麺を温めて付け汁で食べる形」はなく、「うどんは日本で独自に生まれた」(朝日新聞1月25日付)ことを突き止めた。

トヨタ恐喝問題に絡んだ教授

1人の学者の気紛れ発言を是正するだけで、「30年もかかる」のだ。それほど学者の発言は世間的には重さを持つ。

前述の船橋洋一の東ティモール発言も学者の一言の重さを知っているからこそ、まさか学者が嘘をつくはずもないという盲点を衝いて、日本軍を心ゆくまで貶め、ついでに片手間で日本政府から7億円の振り込め詐欺もやれたわけだ。

ちなみに後藤乾一は、いまだに自分の嘘を訂正しない。中支で日本軍が焚いた煙幕を毒ガスだと偽証した藤原彰・元一橋大教授も嘘を認めないまま物故した。

嘘つきで厚顔な学者は、洋の東西を問わないらしい。先日はトヨタ恐喝問題に絡んで南イリノイ大のデービス・ギルバート教授の名が出た。

彼は実車で実験した結果、トヨタの電子制御に問題があり、それで制御不能の暴走を引き起こしたと結論付けた。その模様はABCテレビで流されたが、これがタコメーターだけ別に撮ったつくりものだった。トヨタの暴走ケースはサンディエゴやニューヨークで相次ぎ4件起きたことになっているが、1件は被害者を装う詐欺犯、2件はアクセルとブレーキの踏み違い、残る1件はディーラーが不適切なマットを置いたことが原因だった。

朝日に迎合すれば有名人に⁈

ただ米国内にはビッグ3がこけて独り勝ちのトヨタをやっつけたい逆恨み気分があった。ギルバート教授はこの悪意の風潮に乗って嘘をでっち上げ、時の人になろうとしたのだろう。彼もまた嘘がばれたのに謝罪も訂正もしていない。

そういう学者の無責任が罷り通る中で中大教授の長尾一紘が在日などに地方参政権を与えることは「違憲で、それをやれば国家解体につながる」と産経新聞のインタビューに答えた。

これが何で大変かというと、長尾は「ドイツだって認めているから」と急先鋒になって「在日参政権は合憲」を40年間もいい張ってきた。在日も朝日新聞も格好の理論的裏付けとして彼を大事にした。神さま仏さま長尾さまだった。

しかし、少し冷静に考えれば、心優しいビルマ人ならともかく南北朝鮮人に参政権を与えれば日本の破壊につながることは明らかだ。現に彼が鑑としたドイツはトルコ移民が投票動向を握ってにっちもさっちもいかない状況にある。

彼は藤原彰みたいに頬被りして逃げることもできたが、放っておけば後の世に日本を破滅させたのは長尾だといわれる。末代までの禍根を残す。

それで目覚めたのだろう。彼は自らの誤りを自ら糺した最初の学者になった。

参政権問題では長尾を追うように園部逸夫元最高裁判事も誤りを認めた。この男は'95年の最高裁判決の際、在日らに地方参政権を与えるのは「憲法上禁止されていない」という世にも馬鹿げた「傍論」を書いた張本人だ。

園部は元は成蹊大教授。掃いて捨てるほどいる学者の1人で、どこかで朝日新聞に受けるような学者になりたい、という夢があったのだろう。

そのくせ彼は実に不勉強だった。何十万もの「強制連行された朝鮮人」が今の「在日」という朝日の嘘を鵜呑みにした。朝日に迎合すれば有名になれる、時流の人にもなれる。そんな不謹慎な思いであの傍論を書いたのだろう。

民主党の愚か者が後を絶たず

こんな歴史観しかないものが最高裁判事だったことは日本の恥だが、彼もまた目覚めた。

産経新聞に「あの傍論は強制連行されたという在日朝鮮人を意識した政治的な意図からだ

った」と自分の過誤と不勉強を正直に認め前非を悔いた。

園部もまた長尾と同じに将来にわたって「園部の傍論」が亡国の引き金になったと歴史に記されるのを恐れたのだろう。

これで在日参政権の法的根拠となった2人がそろって前言を撤回したことになる。小沢一郎が韓国大統領の李明博に約束した参政権もおじゃんというところだが、民主党にはよくできた愚か者が後を絶たない。枝野某は「傍論といえど最高裁が出したのだから、最高裁の見解として尊重する」だと。

（2010年5月号）

大学のジャーナリズム論は「曲学阿世」で学生を惑わす
——門奈直樹立教大教授『現代の戦争報道』にみる浅薄な主張を斬る

「日本は侵略国家」説を根拠に

大学でジャーナリズム講座を持っていた関係で、先達の学者先生の著作をいろいろ買って読んだ。その一冊に立教大教授の門奈直樹の『ジャーナリズムの科学』があった。この人は同志社に学び、斯界では結構な権威という話だった。

で、読んでみて、びっくりした。

例えば、日本のジャーナリズムについての語りでは、まず歴史家の大江志乃夫の『終戦の日』の視点を紹介する。

あの日は「軍事力によって国際的地位を高めようとした思想が挫折した日」で「それ以後は経済力で国際的地歩を固めていこうとする時代に入っていった。軍事がだめなら今度は経済でいこうよ、そういうスタンスの変化があの日に生まれた」と。

浅薄な決め付けに驚かされるが、門奈先生は何のためらいもなく、この主張をあたかも神の摂理のごとく扱い「軍事力と経済力、この二つのあいだにはスタンスの違いはあるにせよ、世界制覇を目指してきたということでは日本の政治は戦前と戦後が連続していたとみていいだろう」と続ける。

そして日本のジャーナリズムを論ずるのだが、それは措く。ここではただ一点「日本は戦前、軍事力で世界制覇を狙った。戦後は経済で世界制覇を狙った」という滅茶な定義を彼は何を根拠にいい立てるのか。

思いつくのは「日本は世界制覇を狙って侵略戦争を仕掛けた」という東京裁判での日本への告発文だ。

根拠にしたのは中国が排日に走り始めた1929年に登場した「田中上奏文」だ。田中義一首相が「日本は満州を取り、中国とアジアを制し、欧米を倒し世界を制覇する」ことを天皇に建策した、という内容だ。

できの悪い中国製偽物だが、なぜか真実扱いされ続けたのは、それが日本を誹謗する格好の口実にされたからだ。そのできの悪さは、いんちきな東京裁判でさえ証拠採用を躊躇《ためら》ったことで十分証明されている。

いずれにせよ、そんないんちきな「田中上奏文」で下支えした「日本は侵略国家」説をさも真実のようにいう大雑把さ、いい加減さで学生を教えるのはいかがなものか。

ちなみに、北京政府もこの先生と同じに日本は侵略国家で、その証拠に「中国の領土である満州を取った」と今でもいう。

しかし、黄文雄が産経新聞の『新地球日本史』に書いているように、満州が中国領だったことは歴史上一度もない。孫文でさえ「満州は中国ではない」(同)と語っている。

白人国家が日本を追い詰めた

その『新地球日本史』でハーバード大経済学博士、池田美智子は日清、日露戦争の勝利で台頭した黄色い日本人を白人国家がいじめまくる様子を貿易面から分析している。

天然資源もない、国土の8割を山地が占める貧しい日本が唯一の生計の道にしたのが加工貿易だが、大恐慌のあと米国が2千パーセントという関税をかけ、欧州諸国も右に倣って日本商品を締め出した様子がよく分かる。

日本は活路を周辺アジアに求めるが、ここもすべて欧米の植民地と化していて対応は本国と同じ。残るは中国市場だが、中国人は日本の支援で近代化を果たしながら、欧米に魂を売って日本商品不買運動を起こす。

それを見るだけでも、日本には世界支配を狙う軍事力も体力もなかったことが分かる。日本が軍事力に訴えず生きる道はあった。英、仏などがその植民地でやったように台湾や朝鮮の民に重税を課し、阿片を売りつけて絞り取ればよかった。しかし、日本は逆に金を出して鉄道や電気を引いてやり、その近代化に努めたことを、門奈先生は無知にしてまったく知らないらしい。

それにしても、なぜ白人国家が嘘の「田中上奏文」を意図的に真実と扱い、経済封鎖をかけてまで日本を追い詰めたのか。

その理由は日本が有色人種であり、日本の台頭が白人国家の奴隷だった第三世界に強烈な刺激を与え、奴隷状態からの脱出に動き出していたことにある。

日本を敵役にする「情報戦争」

そういう危険な動きのもとを絶つ、つまり日本をヒーローの座から追い落とし、押し潰し、白人国家に盾突くことの愚かしさを見せ付ける必要が、どうしてもあったからだ。

満州事変や支那事変、さらに満州国問題を口実に「日本は侵略国家だ」「残忍な国民性だ」といい立てたのは、それによって「日本は邪悪な国」だと国際社会に宣伝し、評価を落とすことにあった。それで日本を国際社会から孤立させ、国力を弱めるのに最適な経済制裁を課す口実にもしていった。

日本を敵役に、そしていじめる白人国家側に正義があるように、国際世論を動かす。これがいわゆる情報戦争、プロパガンダであり、孫子のいう「兵は詭道なり」だ。

東京裁判史観とは、つまりそのプロパガンダの集大成になるのだが、それをジャーナリズムというその情報戦争の主役について教える先生が無反省に「事実」と受け止める。笑えない笑い話だ。本人は笑われるだけですむが、教えられる学生にとっては悲劇だ。

ところがその先生が『現代の戦争報道』という本を出した。ベースにしているのはアンヌ・モレリの『戦争プロパガンダ10の法則』という本だが、先生はその中でブッシュ大統領がイラクのサダム・フセインについて「裁判なしの死刑、日常的な拷問、新生児は保育器から投げ出され、透析患者は器具を引き抜かれ…彼はまさにヒトラーの再来だ」と語ったことを取り上げている。

あるいは湾岸戦争とは無関係のオイルまみれの水鳥の映像に、英米の新聞が彼を「野蛮人」「環境を破壊するテロリスト」と決め付けたことを取り上げ、「こういうプロパガンダで彼を極悪非道と思い込ませ、大義なき戦争を正義の戦争に仕立てた」と解析する。

そしてこういうプロパガンダに騙されないために「懐疑心をもって戦争報道を読み、一方の側だけが正しいと思うな」という英国の戦史家の言葉を引用する。

これを読むだけで、かつての東条英機や日本軍についての東京裁判の主張によく似ていることに、普通は気付く。

まともな学者だったら、あれっと思うはずだ。そして日本について見直すものだ。が、この人は違う。彼の著書には対日プロパガンダの項はない。それどころか「軍国主義にどっぷり浸かった日本の支配者」がこのプロパガンダを大いに使ったとある。

南京大虐殺の虚構はどうなる

要するに日本が侵略国家とかいう非難はまっとうだった、で押し通す。それが「真実などうでもいい、そう日本を悪くいい立てるのが進歩的学者としてのポーズなのだ」と考えてのことか。単にこの先生が愚かで考えが及ばなかっただけのことなのか。

実はそのヒントが最新号のマスコミ学会誌にあった。「限定戦争におけるメディア」というタイトルで、北大の先生が第一次大戦からこの方の戦争プロパガンダを分析しているのだが、第一次大戦に次いで第二次大戦では欧州戦線での情報戦のみを論ずるだけ。

その次はベトナム戦争、フォークランド紛争、湾岸戦争、コソボと続く。なぜか対日戦はここでも素通りしているのだ。

門奈先生以下どのマスコミ関係の学者も日本には絶対触れない。それに触れたら、対日プロパガンダの凄まじさがすぐ明らかになる。侵略国・日本、あるいは南京大虐殺の虚構など一瞬にしてばれてしまう。

門奈教授を見ていると曲学阿世の徒という言葉が自然と出てくる。

（2005年4月号）

李登輝招聘に嘴を挟んだ小島朋之慶大教授の「面子」

——中国のご機嫌取りを卑屈に繰り返す大学教授が日本を滅ぼす

訃報欄に大学教授が多い理由

今は首都高速道路が入り乱れる東京・麻布の丘の上に、昔通っていた小学校がある。学校の前の道を右に行くと、通称柳段々があった。その石段を下ると箪笥町になる。今の全日空ホテルがある辺りだ。

そこに友達の一人が住んでいた。父親は慶応大学の高名な教授だとかで、遊びに行くたびにいつも書斎の机に端然と向かう姿があったように記憶している。子供心にも、とてつもなく偉い人のように感じたものだ。

そういう刷り込みがあって、やがて社会部記者になったころ、三面の下の訃報欄に「教授」があまりに多いのにびっくりした。鶏の鳴かない日はあっても、教授の亡者記事がない日はないのだ。

大学が増えた。国立、私立に加え、県立や市立まで出てきて駅弁どころか、もはやバス停なみになって、それで教授の頭数も増えたためだろう。

それで新聞社も最近は教授というだけでは亡者欄には載せなくなった。何かしらの学術功績か、新聞に論評を載せるような知名度みたいな基準を置くようになった。

今の教授は亡者欄に載るよう、何としても新聞ダネになりたがっている。

難しくはない。例えば朝日新聞は自虐史観が大好きだから、それに合わせればいい。

朝鮮で従軍慰安婦とかが問題になる。すぐにアジア各地に飛んでそう主張する女性を見つけて「ここにもいた」とやる。慶応の倉沢愛子などがいい例だろう。

おかげでインドネシアでは、当時駐屯した日本の兵員数の5分の1もの慰安婦がいたことになって彼女らは「毎日、十数人を相手にさせられた」という。日本兵は連日、休みなくはしごで数人の慰安婦を相手にしていた計算になる。

スマトラに旧日本軍が掘った洞窟がある。これをヒントに早大の後藤乾一教授は「現地民に穴を掘らせたあと、秘密保持のために彼ら3千人を殺した」という話を作った。

いや朝日の喜ぶまいことか。それが嘘とバレても朝日は気にしない。むしろもっとどぎつい創作ネタを彼に求める。折から話題の東ティモール問題で日本軍が戦時中、現地民4

万人を殺したという話を作る。朝日はもっと喜びこの捏造話をでかでか掲載した。

この話は船橋洋一のコラムにも取り上げられ、さらに現地特派員も新たな東ティモールの所有者となったポルトガル混血児に「日本に戦時賠償を求めよ」とけしかけ、自虐史観の格好の材料として使い回している。

武村正義という愚かな政治家

今月初め、家永三郎が死んだ。戦前は「筆をもって皇国の御盾とならん」と書いた男は戦後、自虐史観の先頭に立ち、教科書裁判を繰り返して朝日新聞を喜ばせた。

だから、朝日はその貢献度を評価し、訃報を1面で扱った。後藤教授の訃報もその貢献で朝日には確実に載る。

これは日経も同じ。今世紀は中国の世紀と信じ、だから中国と日本がコトを構えるのを同紙は好まない。それに教授が合わせる。

やや古いが、例えば慶大の染谷芳秀教授の「米中関係を読む」だ。当時、ユーゴの中国大使館を米軍が意図的に誤爆した問題で、米中対立が深刻そうな展開になっていた。

それを受けて染谷教授は「日本は大国として振舞うな」という。臆病者でいい。米国のスカートの陰に隠れていろ、と主張する。

昔、武村正義という愚かな政治家も同じように「日本は小さくていい、きらり輝けば」とかいっていた。

しかし、事実は違う。ワシントン・ポスト紙が日本の論評で「10年の不況下にある」と形容詞をつけながら「世界第2位の経済大国」である事実を認め、最近の米国の不況でも日本を参考にする社説（10月26日付）も掲げて米国の舵の切り方を考えている。ジョージ・ソロスのしでかした不始末で起きたアジア経済危機の尻拭いも、結局は日本がやった。

中国の国家ぐるみの詐欺行為

日本は黙っていたって大国だ。それもわからず勝手に小さくてもいいと卑下する不勉強な男が、一時は国政の中枢にいたかと思うと少々ぞっとする。

そしてそれと同じことを大学の教授が臆面もなく新聞に発表する。おまけに大国でなくていい、臆病に逃げ回れば中国と商売ができるという根拠が「戦後日本は侵略戦争の歴史に対する深い自省」にあるという。

国際政治学の先生ともあろうものが、朝日のいう安手の自虐史観をそのまま信じ込んで、それを根拠にしていることにもう一度驚かされたものだ。

百歩譲って、卑屈に中国のご機嫌を取っても、あの国に本当に将来性があるのか。武村正義は今、中国の善意を信じて中国に植林しようとボランティアのようなことをしているが、中国はそれが示すように自分の国の緑も守らない。その代わりベトナム国境での戦闘は今でも一生懸命にやっている。民族の違うウイグルやチベットの人権も、また好き放題に踏みにじっている。

ビジネスでもその狡猾さ、凶暴さは変わらない。スズキがインドでの成功を踏まえて800ccの自動車生産を中国で始めた。大歓迎した北京政府は生産が始まると、すぐ1千cc以下の車の高速道走行を禁止した。

ヤマハがバイクの現地生産を始めると、地方政府はにわかにバイクのナンバー登録業務をストップした。ともに赤字だ。やがて日本企業が破産して逃げ出すのを待って、中国が工場を乗っ取る。そういう国家ぐるみの詐欺行為を平然とやっている。

中国に将来性はない、と例えば米国ランド社の中国専門家マイケル・スウェインが分析している。「巨大人口は国のエネルギーにはならない」と彼はいう。

確かに歴史を動かした国に人口大国はなかった。国際戦略研のシガールも、絶筆となる論文で中国の将来性を否定している。

日本は大国として、そういう非道を繰り返す中国をたしなめ、正道に戻すべき立場にあるのではないか。それを自分の亡者記事を意識して、明日を担う学生に現実に背を向けた偽りを教えるのはいかがなものか。

こういう新聞迎合型とは別に寄生虫型もある。誰か偉いヒトにへばりつき、その威光を借りる。亡者記事では「○○氏との親交があり」と書いてもらえるようにするタイプ。

これもまた慶応の先生だが、三田祭の実行委員会が李登輝氏を招聘したことに嘴を挟んだ。ご本人は中国問題専門の大家で「自分こそは李氏の日本側窓口」と思い込んでいた小島朋之教授だ。彼の李氏側近に宛てたメールはすさまじい。

最高学府に及んだ「教育破壊」

慇懃な口ぶりを口語体に直せば「俺を無視して勝手に日本に来るとは何ごとだ。おかげで俺の面子は丸つぶれ。みんな俺のことを馬鹿にするだろう。今回の訪日はやめろ。それを無視したら日台関係がどうなっても知らないからな」ということになる。

まさかそんなと誰でも思う。なにせ教授様だ。しかし原文には本当に「面子を失った」

「日台対話への支援もなくなる」とある。

国際社会の現状もわからず、自分の評判と知名度、面子でしかものが考えられない人物が、教授として教壇に立っているのだ。

教育の危機は限度まできた。日教組に握られた小学校では今、学力低下に加えジェンダーフリーとかでセックスを教え、「女性器が濡れてから」とか解説する。

それ以上の教育破壊が、今、教授の堕落という形で最高学府にも及んでいる。

（2003年1月号）

文科省が任命し続ける「中国擁護」の大学教授

――「日本は加害者だ」と朝日新聞のような主張をする外人教授たち

遊軍記者として高松塚古墳へ

社会部の遊軍になった昭和47年は、本当に事件の当たり年だった。

まず、1月にグアム島で横井庄一さんが発見された。「恥ずかしながら生きて帰りました」と帰国の弁を語った横井さんは、戦後28年間耐えてこられたのは児島高徳の「天、勾《こう》践《せん》を空しゅうする勿れ、ときに范蠡《はんれい》なきにしも非ず」の言葉だったという。今の社会部記者の何人がこの言葉を知っているだろう。

翌2月からは連合赤軍が紙面を独占した。警察の検問を突破した連合赤軍の一味が、あさま山荘に人質を取って立て籠って10日間。警官ら3人が殺されてやっと全員を検挙した。

しかし、この騒ぎは序の口だった。彼等は仲間12人を総括という名のリンチにかけてなぶり殺し、妙義山の山中などに穴を掘って埋めたと自供し、それから1か月は死体発掘の穴掘りが続いた。

夏に入るとすぐ、ニューデリーで日航機が墜落した。空港手前のジャムナ川に落ちた原因は高度の読み違いといわれたが、のちに乗員たちが乗務前のバンコクで酒を飲みながら麻雀をやっていたという目撃談も出てきた。

そして後を追うように、モスクワで離陸したばかりの日航機が墜落する。

血なまぐさい事件が続く幕間に、奈良の名もない古墳から極彩色の壁画が見つかった。あの高松塚古墳だ。

遊軍記者として現地に行った。文化庁の仕切りだったが、長官は初代の今日出海のあと官僚上がりの安達某が就任していた。長官の特権を振りかざして古墳内に入り込み、挙句が「調査したあとは埋め戻す」といい出した。

ただ埋め戻したら、カビや湿気で壁画はダメになると誰だって思う。しかし、官僚上がりは「現状維持」以外の知恵がまったくない。地上に取り出して保存などというまっとうな常識もなく、結果はご存じのように壁画はカビによってすっかりダメになった。官僚は日本の敵という幾つもある実例の一つだ。

「征露丸」→「正露丸」への秘密

この高松塚古墳は、奈良県高市郡明日香村にある。天武、文武の二つの天皇陵に挟まれ、東に石舞台遺跡、北に天香久山、西に畝傍山を望む。うましくに大和の中心といってもいい。

明日香の名は昭和31年、当時の飛鳥村、高市村、阪合村の合併時に飛鳥にちなんでつけられた。高松塚の壁画が出てきても、それにふさわしい響きがある。いい名前だ。

それにここには明日香薬局もある。その昔、日露戦争に出征した兵士は大陸の悪い水にあたって下痢に悩まされた。それを治す整腸剤として生み出され、その名もロシアをやっつける「征露丸」とされた。戦後、ＧＨＱがロシア人の機嫌を損ねるような「征露丸」はやめろ、たとえ火事場泥のように北方四島を持って行こうとも「ロシアは正しい」という風に「正露丸」に改名しろと命じた。

日本が主権を取り戻したあと、この明日香薬局だけがもとの「征露丸」に戻して売っている。日本人には嬉しい話だ。

その「明日香」という名の学者が先日の朝日新聞オピニオン面1ページを使って登場した。

名は寿川（じゅせん）。肩書は東北大教授。初めて聞く名だが、何とゆかしいと思ったものだ。

明日香東北大教授のごまかし

ところが、いっていることが凄い。見出しは「中国、実は地球温暖化対策の優等生」。小見出しが「日本はいまや環境問題では悪役」と太陽が西から昇ってきたような衝撃的発言をする。

以下、明日香教授は語る。

「中国は温暖化対策で痛みを伴う大胆な改革をやっている。それを日本人は余りに知らなさすぎる」

しかし、CO_2排出量は上昇中で今や世界一汚らしいと指摘されると「中国は巨大な途上国」といい逃れる。「人口は増え続け、無電化地区に3千万人もいる。永遠に電気を使うなといえますか」

でも、貧しくても人間は清く生きられる。朝日新聞はその辺は問わないが、日本人が困っているのは中国人の不潔さ、だらしなさだ。彼らは平気でゴミを海や川に捨てて汚し、恬として恥じない。

ゴミの中には女性蔑視の国らしく「溺棄（間引き）」された女児の死体も含まれ、それで富栄養化した中国沿岸で越前クラゲが大量発生している。

石垣島はデイゴの花が美しい。しかし、今年は中国からの黄砂でみな枯れた。黄砂が単にゴビの砂でなく、中国が排出する大気汚染物資が混ざり合った有毒ガスに変じている何よりの証拠だ。

そんな現実も、明日香教授は「途上国だから」でごまかそうとする。

まるで中国人みたいと思ったら「そうです。私の両親は自由が丘で中華料理屋をやっている華僑です」

歴とした中国人がなぜ明日香なのか。帰化したおりにどんな日本名にするかは本人の勝手かもしれない。ただ、彼の主張を聞く限り、彼の心情もいい分も中国人そのままだ。日本人の潔さもない。

それが中華料理屋の店主ならまだ可愛いが、彼は国立大の教授だ。

過去2千500人超の中国人教授

日本ゆかりの名で、偽りに満ちた中国擁護を論じ、その一方で「日本は加害者だ」と、まるで朝日新聞みたいな主張をする。これはペテンでしかない。

そういう主張をするなら、中国名を名乗ればいい。それでも日本名がいいというなら、南京虫太郎とかにすればいい。日本人の心情を惑わせ、汚されたと思わせるような名は避ける。少なくともそれが帰化する者の日本への礼儀だろう。

問題は元中国人がそんな名で教授になることを許した文科省にもある。

この役所は「日本は東シナ海の主権を放棄すべし」といい続ける福井県立大教授の凌星光のような中国人を、過去2千500人以上も教授に任命している。

日本名を騙る中国人まで含めたら、どれほどになるのか。なぜ外人を偏重するかも併せて文科省は説明すべきだ。

（2009年9月号）

第4章

米国には仁義も友情もないと知れ

ノーベル平和賞の「虚構」アル・ゴアはペテン師か
——人種差別国家ノルウェーが平和賞を決めている政治的背景

ノルウェー人の心根は純白か

人類の大もとは、南アで見つかったアウストラロピテクスとされ、そこから1本道で今の人類に繋がっているとされてきた。

ところが、同じ大もとの化石の中に明らかに大臼歯が発達した、つまり顎の張った新種が確認された。大臼歯は牛や羊など植物繊維を食べる草食型でよく発達する。

一方、本家のアウストラロの方は原人らしく臼歯より犬歯が発達したままで、そこから人類学者は顎の張った方を菜食主義の人類パラントロプスと名づけ、肉食系の本家から分かれたという風に解釈した。

もうちょっと具体的にいうと、菜食主義は顎が張ってみっともない。それはアジアの弱っちいコメ食い民族に面影をたどれる。対して肉食系はマッチョで格好いいという意識がこの区別にはある。そういうわけで弱い菜食系は肉食系の餌食にされ、一部が難を逃れて東の方アジアに行ったとされた。

実際、日本人は肉食系に比べ、植物繊維を消化しやすいように腸も長い。アポクリン腺が多くて動物臭のする肉食系と異なって、汗腺が発達し体臭もない。その汗腺のおかげで掌はしっとりして細かい道具も持て、指先の器用な文化を発達させた。

一方、アフリカに残った肉食系は野獣のように生きるが、自然の法則に従って2万人に1人の割でアルビノ、つまり白子が生まれる。100万人いれば50人ほどの集団になる。強い陽差しの下では、メラニンのない皮膚は死を意味した。何とか育っても白ければ目立って、逆に野獣の餌食にもなる。

かくてアルビノは生きるために陽射しの弱い北へ向かい、シナイ半島から中東、コーカサスからついには極北に近いスカンジナビア半島にまで避難していった。

その証拠にそこに住むスウェーデン人、ノルウェー人はゲルマンやラテン系白人よりさらに白い肌をもち、髪の毛も瞳もメラニンのないシルバーブロンドと碧い目をしている。解剖学的所見でも、それはすべてアルビノ(色素欠乏症)と変わる所はない。

白は純潔、潔白を意味する。黒や黄色よりはきれいなことも確かだ。しかし白人より白いノルウェー人の心根が純白にふさわしく無垢で清純かというと、大きな間違いになる。彼らは腐肉を食らうハイエナみたいな醜い面が多々ある。実際、彼らは白いことを鼻にかける人種差別主義を隠そうとしない。

ノルウェーの航空会社「ブローテン」が、カンヌ国際広告祭に出品した作品はその好い例だろう。タイトルは「日本人」。

韓国人が演じるみっともない「日本人」が搭乗してきて、お絞りと間違えてケーキで顔を拭って顔中クリームだらけになる。

日本人を腐す電通社員の御託

次の場面で同じ男が別の便に乗る。スチュワーデスがお絞りを出すとケーキと間違えて「お腹いっぱい」のポーズをして断り、また笑いものになる。

日本人を「間抜けで見苦しい」人種というステレオタイプ化した極めつけの人種差別作品だが、これがカンヌの白人審査員らに馬鹿受けして全員一致で金賞を取った。

日本からは帰国子女が売りの電通社員が審査委員で出ていたが、国際人を気取る彼は「日本人は自分がみっともないことを自覚せよ」とか、御託を朝日新聞に載せていた。

いうまでもなく、お絞りは日本の文化だ。日航が機内サービスに出して世界にそのよさを広めたが、西ローマ帝国滅亡以来ずっと風呂も入らなかった欧州人には、そのお絞りのよさが理解できなかった。それでも半世紀を経てやっと根付いた。

しかし、ノルウェーは欧米の中でも一番遅れていて、このブローテン航空はつい最近になってやっとお絞りを導入した。

こんないいものがあったのかと驚く彼らは嬉しくなってCMの題材にした。しかし根性が悪い。白人の我々が知らないのを黄色いアジア人が知るわけもない。それでアジア人を馬鹿にしたCMを作るが、ただ中国人とか韓国人にすれば大騒ぎになる。だから何をされても黙っている「日本人」にした。

佐藤栄作が否定された平和賞

この人種差別国家が実はノーベル平和賞を決めていることも知っておく必要がある。

その平和賞委員会が100周年記念の回顧録の中で、ただ1人の日本人「佐藤栄作を選んだのは最大の誤り」と公然と非難した。

佐藤首相の受賞理由は二つ。非核三原則と戦争で失った領土つまり沖縄を、戦争することなく米国との交渉で取り返したことだ。

これは常に戦争の主原因となっていた領土問題の処理に、初めて理性が導入された画期的な出来事だった。世界は驚き、実際、北方四島でもロシアはただ無視を決め込むというわけにはいかなくなっている。

非核三原則もしかり。しかし、残念ながらほかの世界がまだそこまで追いついていない。いずれにせよ、佐藤栄作は南アのマンデラやマザー・テレサと並んで最も平和賞にふさわしいといいきれる。

それを平和賞委員会がそこまで否定するのは理由がある。実は、このノーベル平和賞ぐらい政治的に汚れた賞も珍しい。最初にもらったのはセオドア・ルーズベルトだが、彼はコロンビアの1州パナマを奪い、大虐殺の末にフィリピンを植民地化した。最悪の植民地帝国主義者だが、彼のホントの受賞理由は、日露の講和を仕切って日本に1坪の領土も1銭の賠償も与えなかった。つまり白人の敵・有色人種国家の増長を押さえ込んだことだ。

以来、この賞は白人の喜ぶ形でしか行われていない。例えば'90年代に受賞した東ティモールのラモス・ホルタだ。

この島の民はメラネシア系だが、彼やその仲間のシャナナ・グスマンなど一部の島民はポルトガル混血の白人系だ。

それなのに彼らは「インドネシア」の支配下に置かれた。それが許せない。白人系の彼らを有色人種支配の下から助け出すにはインドネシアを悪い国に仕立てて、かわいそうな島民を独立させるという形にすればいい。かくて独立派の混血児に平和賞が出されたのだ。

この人種差別むき出しの受賞に「それはないだろう」と文句をつけたのが今、米外交問題評議会会長になっているリチャード・ハース氏だ。彼は「ラモス・ホルタなど誰も知らない。あまりに政治的過ぎる」と指摘した。彼はまた英国の代弁者でしかないアウンサン・スーチーの受賞にも首を傾げる。

「不都合な真実」受賞の矛盾点

最近、最も国際的な不評を買ったのが、米国の地雷除去を訴えるＮＰＯの受賞だ。

当時、アフガン、カンボジアなどの放置地雷が国際問題化した。実は地雷を製造し、ばら蒔いているのは米、露、中国の3か国だ。国際世論がこの3か国の責任を追及し始めた瞬間にノーベル平和賞がこの米国ＮＰＯに贈られ、その結果、米国主導で日本など善意の国々が出資する国際事業になった。

ということは、米国もプーチンも胡錦濤も、自分たちの不始末を一銭も出さずに見事に他国に押し付けてしまったのだ。

環境問題もそう。アル・ゴアが「不都合な真実」で受賞したが、彼は米副大統領の肩書で京都会議に出ていながら、米国の参加を見送った。最大の戦犯の1人だが、この受賞で米国が一番環境問題に真摯だというイメージを創り上げた。まさにペテン師だ。

そういういかがわしさが問題になったときに、平和賞委員会が佐藤栄作誹謗を打ち出した。これも見事なすり替え技だ。

ノルウェーという国の腹黒さと偏見が理解できただろうか。

（2008年4月号）

名古屋城を焼き落とした米国人操縦士に聞きたい
――サンテグジュペリを撃墜した元ドイツ軍空軍士官が証言したが

「尊敬する作家」を撃墜した⁉

生意気なバラの花と喧嘩して地球にやってきたお馴染み『星の王子さま』。その作者のアントワーヌ・ド・サンテグジュペリは第2次大戦末期、米ロッキード社製のP38ライトニングで哨戒飛行中、地中海上空で行方を断った。

P38は双発双胴の特徴ある機体で、日本では山本五十六元帥の搭乗機をブーゲンビル島で撃墜した機種として知られる。

ただ速度はともかく、動きが鈍くて空中格闘戦は弱い。操縦性能も今一だった。それで第一線を退いていたが、撃ち落とされる心配のなくなった敗戦間際の日本には再三やってきて、それこそ逃げる子供まで標的にして好きに機銃掃射をしていった。

「双胴の悪魔」と呼ばれる所以だった。P38はその意味で米国人の残忍さの象徴として日本人は記憶している。

サンテグジュペリに話を戻すと、彼のP38もまた戦闘機から引退してその速度を生かした偵察機仕様だった。ただ操縦性能には相変わらず問題があり、多分、飛行中に突然トラブルが起きて墜落したと推測されていた。

ところが、この3月、フランスのプロバンス紙が「私が彼の飛行機を撃墜しました」という元ドイツ軍空軍士官、ホルスト・リッペルト氏（88）の証言を載せた。

彼は1944年7月31日、メッサーシュミット109型機でドイツ占領下の南仏を哨戒飛行中、単独でマルセイユ方向に飛ぶ連合軍のP38ライトニングを発見。

直ちに攻撃して「数回、機銃弾を撃ち込んだ。機は海に向かって一直線に落ちていった。操縦士が脱出する気配はなかった」と。

連合軍側の記録ではサンテグジュペリは同じ日、コルシカを飛び立ち、ツーロンからマルセイユ方面への偵察飛行に向かい、消息を絶った。ドイツ飛行士の証言と日時も場所もだいたい符合する。

リッペルト氏もP38を撃墜した後、サンテグジュペリの悲劇を知る。もしかしたらという思いはあったというが、彼は「尊敬する作家を自分が撃墜したとは信じたくなかった」

と地元のメディアに答えている。

ところが、行方不明から半世紀後の'98年になって、マルセイユ沖で操業中の漁船の漁網に銀のブレスレットが引っかかった。

調べると、それはサンテグジュペリがラストフライトのおりに彼の左手に巻いていたものと判明した。

現場周辺の海底調査が始まり、6年後の'04年、被弾した彼のP38が発見された。

リッペルト氏は報道された機体の発見場所から、氏自身が紛れもなくサンテグジュペリを撃墜したことを確信したという。

「操縦士の記憶」は実に鮮明だ

サンテグジュペリは機体トラブルではなく、撃墜されていた。しかも『星の王子さま』の飛行家と違って不時着もできず、またパラシュートで脱出もできずに海に落ちていったことがこれで明らかになった。

それにしてもリッペルト氏は実に精密に状況を記憶し、時間の推移による変化も確実に描写していたのは驚きだった。

そういえば、戦後、ソ連や中共にスパイを空輸する米国の極秘作戦に参加した元日航機長、崎川五郎氏に話を聞いたことがあるが、彼の記憶もまた実に鮮明だった。

搭乗機はB17。月齢18日の夜、呉淞付近から中国領に入り、目的地オルドスに向かったのだが、その辺の地形がどうだったか、どこで中共のミグに追われ、どの山陰に逃げ込んだかまで、映画を見るように鮮明に再現してくれた。

なぜ、操縦士の記憶にこだわるかというと先日、名古屋に行って終戦間際の空襲の状況を調べたからだ。

とくに昭和20年5月14日の空襲だ。このときは540機ものB29が来襲し、焼夷弾の雨を降らせた。

三菱の工場はそれまでの2度の空襲で灰燼に帰していた。この日の爆撃の標的はまさに無辜の民が住む市北部の市街地と、信じられないことだが、そこに聳える名古屋城だった。

朝9時ごろという。B29の乗員は当然、晴れた空からひときわ目立つ天守閣を確認しただろう。

2千発もの焼夷弾を天守閣に

それが信長、秀吉、そして家康が係わった300年の歴史を持つ名城だということは知らないまでも、一目見ればそれが歴史的な文化財であることは分かっただろう。少なくとも軍事要塞ではないことは分かる。

実際、この城は国際的にも知られていた。明治維新、天皇家のアドバイザーとなったオットマール・フォン・モールとドイツ公使マックス・フォン・ブラントら各国外交官がここを訪れ、のちに尾張徳川家がこの城の取り壊しを明治天皇に具申したとき、ブラント公使は「取り壊しなどもってのほか」と山県有朋を説得。保存が決まっている。

米国人にはインディアンの殺戮と黒人奴隷など、短いくせに醜悪な歴史しかない。文化にはまったく無縁の国民だ。B29の乗員が名古屋城のこうした謂れを知っていたとも思えないが、それでもこの名城を見れば、人間ならば何かしら心に響くものがあったはずだ。

しかし、彼ら米国人はその城を標的にしたのだ。

記録によれば、彼らは入れ替わり立ち替わり飛来しては、2千発もの焼夷弾を天守閣に降らせたという。

筒型の焼夷弾は青銅で葺いた5層の天守閣の屋根に落ち、多くは乾いた音を立てて滑り落ちていったが、不運なことに天守の鯱を空襲から守るべくその引きおろし作業のために足場が組まれていた。

そこに焼夷弾が引っかかり、火を噴き、そして天守閣は炎上した。

「黒い空に赤い炎が立ち昇る。三百年の歴史を秘めたお城が天の魔物に吸い上げられる。赤い炎の中から緑色の炎が魔物のように立ち昇る。銅瓦まで燃えていた」

東海軍の広報部員が書きとめた天守閣の最期の模様だ。

「人々は自分の家が焼けても見上げればお城があった。それで勇気付けられた。しかし紅蓮の炎に包まれ、焼け落ちる城を見て体から力が抜けていった。望みはなくなった」と、そのときを知る人の言葉だ。

処刑された岡田中将の〝無念〟

名古屋城を面白半分で火をつけて焼き落とす人間が、この世にいることに市民は驚いた。もはや人間とも呼べない米国人は、その3週間後、城を失った夜の名古屋を空襲した。美濃加茂と多治見の間で列車が爆撃され、名古屋市内で焼け残った孤児院にも焼夷弾は降り、

2千人が焼死した。

東海軍の司令官、岡田資中将はこのとき撃墜したB29の搭乗員11人を非戦闘員に対する無差別爆撃の廉《かど》で処刑を命じた。

映画『明日への遺言』はこのときの処刑について米国側が非人道的として岡田中将を裁くところから始まる。

無差別爆撃だけでなく、名古屋城まで焼いて喜んだ米国人が「人の道」をいい立てる。その偽善が笑わせる。

岡田中将は1949年9月17日、絞首刑を執行されるが、その墓前に報告するためにも、あの爆撃に加わり、焼夷弾の雨を降らして燃える名古屋城を空から楽しんだ米国人操縦士に感想をぜひとも語ってもらいたい。リッペルト氏と同じにきっとそのときの豪快な炎と、ついでに銅瓦の燃える緑の炎も詳細に覚えているに違いない。

日本人が付き合う米国人がどんなものかをそれが十分に伝えてくれると思う。

（2008年6月号）

米国の醜い素顔を隠すオバマ大統領の「登場」

――純粋の黒人でなく白人の血が入っているところがみそだ

米軍に届いた脱走兵の「生首」

米国の独立宣言書は、人は平等に創られ、安全と幸福追求の不可侵の権利をもっていると謳っている。

ただ、これは「白人のみ」という限定がつく。だから、この宣言が書かれたころには、アフリカから黒人奴隷が公然と運び込まれ、酷使されていた。先住民のインディアンはもっと残忍に扱われ、住処も命も奪われていた。有色人種は幸福どころか普通の生活も望めなかった。

日本が明治維新を迎えたころ、黒人奴隷制はさすがにやめたが、「白人のみ」という意識は変わらなかった。

それがときどき世界の目に触れた。フィリピンを植民地にしたときもそうだ。

米国はフィリピン人独立運動家アギナルドに独立の約束を与えて、スペイン植民地軍を背後から攻めさせた。米国は海から攻めてスペインは降伏した。

米国は約束を破ってフィリピンを米国の植民地にすると宣言、アギナルドとその部下が抗議すると、彼らを「平和に対する反逆者」ということにして殺しまくった。

指揮官はアーサー・マッカーサー。専制君主気取りだったダグラスの親爺で、彼はフィリピン人を「ニガー」と呼び、レイテ島では島民を皆殺しにし、アギナルドの出身地バタンガスを焼き払い、住民5万人を飢え死にさせた。負傷して捕まったニガーたちはその場で殺された。

それが問題になると、彼は「有色人種は傷に弱いから慈悲で早く殺してやった」と上院で答えている。

この作戦のさなか、黒人兵デビッド・ファーゲンが脱走して敵に寝返った。なぜニガーが白人のためにニガーを殺すのかが反抗の理由だった。

アーサーは彼の首に高額の懸賞金をかけた。ファーゲンは国を売ってまで味方してやったフィリピン現地民に殺され、切り落とされた彼の生首が米軍に届けられた。

この騒ぎは世界の耳目を集め、米国は少し恥じたが、すぐに忘れ去った。

公園で黒人用の水は飲むな！

半世紀後、米国から欧州戦線に向かった黒人兵は、例えばロンドンで黒人も白人も同じバスに乗れるのを知って驚いた。英国に人種差別はなかった。

人種差別をしていた米国人は恥をかいたが、戦争が終わると忘れてしまった。

立川基地に来た黒人兵ジェームズ・メレディスも人種差別のない日本にびっくりした。その雰囲気に染まって故郷のミシシッピーに帰った彼は、ミシシッピー州立大に入学願書を出した。

州知事が彼の入学を拒否し、ケネディ大統領は軍隊の出動を命じて2人が死に300人が怪我をする騒ぎになった。

オバマが登場したとき、ウォールStジャーナルの元ワシントン支局長アルバート・ハントが「これで米国の古傷が隠せる」と題したコラムを書いた。

その中で彼は50年代、公園で水を飲もうとして祖母に黒人用だからだめだと注意された思い出を語っている。

オバマは黒人の父と白人の母の間に生まれたが、父はさっさと母子を捨てて次の女のところに行ってしまった。

ハントは、黒人の子供10人のうち7人がそういう父なし子だと書く。「5人の黒人兄弟がいれば4人は別の父親」といういい方もある。要するに、黒人社会には一夫一婦制の概念は希薄だと彼はいう。

HIVを流行らせ黒人淘汰?!

ハントが言及したのは、これに絡んで公園の水飲み場以上の黒人差別事件があったからだ。タスキギー事件という。

米疾病予防管理センター（CDC）がアラバマ州タスキギーで、黒人の梅毒患者約400人を治療しないまま約40年間にわたって感染の広がりを追跡調査し、前述の噂―黒人社会に一夫一婦制はない―を裏付けるデータが確認された。

この調査が明るみに出て、クリントン時代に総額1千万ドルの賠償金が払われたが、それが何のための調査だったかは秘密にされたままだった。

黒人間のルーズな性交に着目して致死性の性病、例えばHIVを流行らせ、黒人を淘汰するためだという説がある。

実際、エイズが顕在化するのはタスキギーの実験が終わって10年後で、オバマの傾倒するJ・ライト牧師はこのエイズ・黒人淘汰説の有力な支持者の1人だと、産経新聞の古森記者が報告している。

米国は過去、黒人など有色人種へありったけの悪さをやってきた。そして一度の反省も示さなかった。

その傲慢に第三世界からやっと強い反発が起きた。ファーゲンを殺した無節操なフィリピン人でさえ、クラーク基地から米軍を追い出した。聖域だった米本土でも「9・11」が起き、それは反米テロの始まりだったことが分かってきた。

加えて米国の強欲さがもとでついには世界大不況も惹き起こした。米国の醜い素顔が剥き出しになってきた。

こんな窮地に天啓のように黒人大統領候補が登場した。純粋の黒人でなく、白人の血が入っているところがみそだ。

おまけに弁舌がうまい。アジテーターだ。「我々は白人でも黒人でもない。我々は米国人だ」というセリフは「我々は一つの国民（das Volk）だ」というヒトラーの言葉そっくりだ。

そして「Sieg. Heil」に代わって「Yes We can」が叫ばれる。

それでも白人至上主義は続く

米国人は小才が利く。白人大統領ではこの時代、埒があかないと見れば、素早く200年放置してきた黒人への謝罪も兼ねてこの難局を彼に任せてしまったら、と考える。米国への評価は上がる。風当たりも緩やかになるという読みだ。

かくて問題になりそうなオバマのミドルネーム「フセイン」を隠し、彼がイスラムの学校に通っていた過去もタブーにした。オバマが演説会の舞台裏で何本も煙草を吸う。女問題以上の嫌悪を誘う事案だが、それも一切表に出さなかった。

理想化されたオバマ大統領がこうして実現した。これで過去を反省するいい米国人が演出でき、ついでに難局を乗り切れれば、万々歳だ。

そのあと？　フィリピンではアギナルドと約束をしたが、有色人種相手なら「それがどうした」で済む。オバマもまた白人のために働かされている。

（２００９年１月号）

支那が尖閣を襲っても米国は日本を助けない
——新旧の奴隷国家が手を握り日本にちょっかいを出してくる

朝日新聞が持ち上げる森ビル

支那の共産党政権が危ないといわれて久しい。聞こえてくるのは各地で頻発する暴動に、工場の閉鎖、あふれる失業者など碌な情報はない。

森ビルが泣く泣く建てた〝上海ヒルズ〟も可哀想だ。朝日新聞が「情報、文化など賑わいの中心に」なんて真実の一片もない記事を書いているが、実際はテナントは半分も入らず、賑わいにはほど遠く、おまけに支那の業者を使ったから水漏れやその他お粗末な故障が続発して……とさらなる泣きを予感させている。

国民が政府に愛想を尽かしたとき、為政者は最後の賭けに出る。戦争だ。

かつてホメイニ師は、中東で最も開けたイランを酒も女も賭博もだめ、不倫は死刑、小用は男もしゃがんでしろという禁断の宗教支配社会に変えようとした。

国民は馬鹿をいえと、そっぽを向いた。ホメイニ師の政権は、反発する者を次々公開処刑する支那並みの恐怖政治を敷く一方でイラクの国境で銃を乱射し、迫撃砲を撃ち込み、果ては戦闘機を飛ばしてイラク軍機を撃ち落とした。

1年の挑発の末にイラク側が大規模な軍事行動を起こし、ここにめでたくイラン・イラク戦争が始まった。

アラブ人と戦争が始まると、ペルシャ人は政府が気に食わないかどうかは措いて愛国心を燃やし、団結して国のために戦った。戦争は7年の長きにわたったが、終わってみたら、あれほど不人気で不安定だった宗教政権がしっかりと根をおろしていた。

この例が北京を甚《いた》く魅了している。人民どもが勝手を始め、崩壊が迫ったとき、北京はホメイニ師と同じにどこかに戦争を仕掛ける。

黒人奴隷を買って野良仕事を

しかし、ハンティントンが『文明の衝突』で予測したように、戦争する相手はベトナムなんかではない。韓国でもない。なぜなら人民どもが燃えないからだ。愛国心に火が付かなければ団結はない。

支那人がだれも妬み、僻《ひが》んでやまない憎い相手で、だから一番燃える相手といえば、日本をおいてほかにない。

かくて北京はその日に備えて、ホメイニ師と同じように日本を挑発しにかかっている。尖閣諸島にちょっかいをかけ、潜水艦を遊弋させ、というのは小手調べ中と思っていい。

でも、と愚かな連中はいう。「日米安保条約があるし。周辺事態だし」とか、「きっと米国が助けに来る」と。

「いや米国は助けに来ない」といっても、親米派は納得しない。水掛け論で終わる。こういうとき、米国がどう出るかは、その国の歴史が示している。

米国は200年ちょっとの短い歴史しかないが、その中身は実に濃密な裏切りと陰謀と詐術外交に満ちている。

この国は、まず奴隷国家という側面をもつ。国の始まりはメイフラワー号になるが、その船が着く前年、ジェームズタウンに奴隷市場ができ、米国人の祖先はそこで白人の女奴隷を買って性欲を満たし、黒人奴隷を買って野良仕事をさせた。

黒人奴隷はその後も米国の産業と社会を支え、それが国際批判を浴びるとさっさと支那の苦力《クーリー》に切り替えていった。そのころリンカーンが黒人奴隷解放を宣言した。黒から黄色に変えただけで米国の奴隷制は続いた。実にこすい大統領だ。

毛沢東や鄧小平にみる奴隷制

その後も貧しい欧州移民、そしてヒスパニックと人種は変わるものの、基本的に奴隷制は続いた。生産過剰になると従業員ごと生産ラインをカットしてしまうレイ・オフ制度は奴隷国家ならではの発想だ。

一方の支那はいうまでもなく、もっと年季の入った奴隷国家だ。占領支配した清はもとより、唐も明もどこまで人民を奴隷化できたかで王朝の寿命が決まった。

今の共産党王朝の祖、毛沢東は「農民戸籍」を編み出した。農民を土地に縛り付け、「飢えたら隣の子を食え、死んだら死体を畑の肥やしにしろ」（ユン・チアン『マオ』）という近代奴隷制を確立した。

鄧小平は農奴を都会に出すことで新型の産業奴隷、民工を生んだ。それに目を付けたのが国内での奴隷産業に行き詰まった米国だった。

米国は支那に奴隷工場を置き、それを北京政府が管理するという新しいシステムを生み出した。新旧の奴隷国家・米国と支那が手を握った瞬間だった。

それが成果を上げ始めた90年代、クリントンは日本の頭越しに支那の奴隷工場視察にいった。いわゆるジャパン・パッシングだ。親米派の日本人は奴隷つながりの米支の絆の強さを僻んだが、そんなの羨むことか。

リンカーンは狡いといったが、狡さは米国の政治家の特徴だ。モンローは中南米に出る外交官に相手国を分裂させ、米国が介入できるように心がけよと命じた。メキシコに出たポインセットは反政府勢力を育て、内乱一歩手前まで煽ったが、土壇場で発覚、追放されている。そのとき彼が持ち帰った花がポインセチアだ。

そのあとのA・ジャクソンは力づくでテキサスをメキシコから脅し取り、続くポークもメキシコに因縁をつけてカリフォルニア州までの領土を奪った。

日本の人種平等案を握り潰す

ハリソンはアロハオエの作曲者であるリリオカラニ女王を戴くハワイ王国に対し「卑猥《ひわい》で残忍な女王から米市民を守る」という口実で軍事制圧した。

マッキンリーは、フィリピンに独立を与えるという約束を反故《ほご》にして、怒る現地民60万人の大虐殺をやった。

続くセオドア・ルーズベルトは独立したキューバの外交権を奪い、ついでに今に残るグアンタナモ基地も設けた。

さらにコロンビアに内紛を起こさせて、パナマをもぎ取る。

日本の人種平等案を職権で握り潰した帝国主義者ウッドロー・ウイルソンやもう一人のルーズベルトを出すまでもなく、こんな恥ずべき悪行の積み重ねで出来上がった国の歴史を、他に知らない。

だから尖閣諸島に支那がちょっかいを出したときに、米国が助けに来るなどこれっぽっちも期待してはならない。要は自分の国は自分で守れということだ。

（2009年4月号）

日本を叩きのめした「原爆投下」は米国の誇り
——被爆者と市民団体がNYで核廃絶を訴えてもまるで無視

やっつけたつもりだったのに

ニューハンプシャー州の州議会議員ニコラス・ラバッサーがインターネットの交流サイト「フェイス・ブック」に「だから原爆2個では足りなかった」と、日本印のアニメの跋扈に文句をつけた。

何がきっかけで書きこんだかはラバッサーが口を閉ざしているため分からないが、いいたいことは推測がつく。

いま米国ではアニメのコスプレが盛んで、年に何回もコスプレ大会があちこちで開かれる。西海岸ではサンディエゴやロサンゼルスが有名だが、会場に行ってみるとスパイダーマンなど米国製アニメより日本ものが幅をきかせている。売店には日本のコミック雑誌が積み上げられていて、結構な勢いで売れていた。

街を歩いていても、例えばアルマーニEXの店には日本語コミックから抜き取った日本語がTシャツの柄になっている。お洒落なブルゾンの背中に「表参道」とあって、下の方に「次は青山1丁目」とあった。半蔵門線の駅の表示がそのままデザインになっていた。テレビもディズニーを押しのけてごく自然に日本のアニメが流れている。劇映画『マトリックス』では、人間をバーチャルの世界に閉じ込めて支配するマザーコンピュータの言語がコンピュータースクリーンを流れる場面がある。縦に流れる文字をよく見ると日本語、それも平仮名と片仮名でできている。

日本をやっつけたつもりになっていたのに、気が付いたら日本は経済大国に返り咲き、日本製は家電もカメラも自動車も高級ブランドの代名詞になっている。

エノラゲイを後生大事に保存

米国は世界最強の軍事力を誇るが、究極のステルス技術もミサイル誘導装置も、実は日本の技術の借りものというのは州議会議員でも知っている。

だからいわないこっちゃあない、あのときもっと徹底して日本人を片づけておけばよかった、原爆を何十発も降らしておけばよかったというのが、白人のラバッサー議員の本音だろう。

それにしても前線の将兵でなく、銃後の女性や子供たち14万人を一瞬にして焼き殺した「原爆」を「もっと日本人の上に落とせ」とはよくぞいったものだ。

差別意識剥き出しのこの暴言は流石に諭す者がいてラバッサーは数日後に消してしまったが、異様なのはこの問題発言を地元紙はおろか、日ごろ差別がどうの偉そうにいってきたニューヨーク・タイムズもワシントン・ポストも一切報じなかった。試しにAP、ロイターでラバッサー（Levasseur）を検索したが、この書きこみについては1件もなかった。ここまで彼等が気を遣って伏せるのは日本人には思いもよらないが、実は原爆への熱い思いがあるからだという解説を聞いたことがある。

彼ら米国人は、口では悲惨な戦争を終結させるために原爆投下はやむを得なかったと判で押したようにいう。

その一方で原爆を投下し、14万人の広島市民を焼き殺した忌まわしいB29爆撃機エノラゲイを後生大事に保存してきた。それだけでも異常なのに、'97年には退役軍人会とスミソニアン博物館が組んでついにエノラゲイを博物館内に永久展示することにした。

原爆映画は米で大ヒットする

スミソニアン博物館には「人類の進歩と夢に貢献した」例えばライト兄弟の飛行機やアポロ11号が持ち帰った月の石などが並ぶ。日本人はなぜ原爆投下機がここに置かれるのか、首を傾げる。

この陳列が決まった直後にUSA・TODAY紙が米国のジャーナリストを対象に行った「20世紀最大の事件」アンケートで、アポロの月着陸や抗生物質の発見などを抑えて断トツの1位を取ったのが「原爆で日本を負かした」だった。

なぜ、原爆が1位なのか。仏経済学者ジャンピエール・レーマンは「日露戦争でロシアが、そして第一次大戦ではドイツが日本に負け、第二次大戦では英国、オランダ、フランスも日本に負けて植民地を失い貧しい小国に転落した」「ただ白人国家の中で米国だけが(原爆という神の叡智を手に入れて)日本に勝った」と解説する。米国が全白人国家代表のチャンピオンになって日本をやっつけた。原爆はその勝利の証しなのだと。

だから米国人は原爆と呟くだけで笑いがこみ上げる。誇らしい気分になる。スミソニアンに飾って当然だと思う。

チャールズ・ペデグリーノという三文小説家が広島原爆を描いた『ラスト・トレイン・フロム・ヒロシマ』を書くと、嘘っぱちだらけでも本は売れに売れた。異様な有色人世界を滅ぼす映画『アバター』を制作したジェームズ・キャメロンがすぐに飛びついて映画化権を買い取ったのも、原爆モノなら米国で大ヒットが取れるからだ。

キャメロンは日本にきて、広島で被爆し、3日後に長崎に行って再び被爆した山口彊氏に会ったりして、やる気満々だったが、小説の方は余りに嘘が多すぎて悲しいことにボツ。映画化も宙ぶらりんになってしまった。

NYタイムズも削除した個所

そこまで熱い思いを持って米国人が見つめる原爆。その被爆者100人と取り巻きの市民団体2千人が、国連で開かれた核不拡散条約会議の期間中ニューヨークを中心に核廃絶を訴えた。

日本でやれば国会議員だって飛んできて下にも置かない扱いをする。だからいつも人類愛を口にする米国では、さぞかしいたわりと励ましが降ってくると期待したが、「無関心の壁にぶち当たって肩すかしもいいところ」と、朝日新聞英語版が伝えていた。

その会議では冒頭、イランのアフマデネジャド大統領が「人類の上に原爆を落として10万余人を焼き殺す卑劣で残忍な行為」と米国の広島原爆を非難した。

ニューヨーク・タイムズは、この「卑劣で残忍」という部分を削除した。

原爆を貶めることを米国人は許さない。あれは米国の誇りで、ラバッサーのいったことは本音だったということだ。

（2010年8月号）

第5章

中国と北朝鮮の「奸計」に騙されるな

まねっこ支那が誇るのは非人道的な「拷問術」だけ
――両手足を切り落とし便所に放り込んで「人豚」にした残忍な手口

ジンバブエの赤ん坊の足が…

先日のニューヨーク・タイムズ紙に、両足にギプスをはめて泣きじゃくる黒人の赤ん坊の写真が載った。

写真説明によると、例のジンバブエの独裁者ムガベ大統領の手下が政敵の地盤となる村を襲って、女子供に至るまですべての村人の両足をへし折っていった。その被害者の1人がこの赤ん坊だとあった。

この騒ぎの少し前には支那からジンバブエに武器を運ぶ貨物船が、国際世論を背景にあちこちの港で荷揚げを拒否されるという騒動があった。

ジンバブエにも当然、支那人の軍事顧問が入っているわけで、少し穿って考えれば、この両足へし折り作戦も彼らの指導があってのことだと考えられなくもない。

なぜなら、支那の歴史には相手を怖気づかせ、反抗心を奪い取るために、これと似たような手口が頻繁に登場しているからだ。

新しいところでは、蒋介石軍が潮州の山村で起こした騒ぎがある。食糧の調達というか、略奪に乗り込んだ村で村長以下がいい顔をしなかった。それに腹を立てた蒋介石軍が村民300人すべての足をたたき切って、周辺の村への見せしめにしている。

毛沢東の共産軍も、村人全員に穴を掘らせて生き埋めにしたことがある。

支那の歴史では、こんなのは序の口で、実に独創的で人を震え上がらせる残忍な拷問や処刑術が多い。

よく知られるものの一つに人豚がある。漢の武帝の妻、呂后が夫の死後、彼が最も愛した愛人の戚夫人を捕えて両の手足を手術で切り落とし、毒で声帯を焼き、目を抉りだし生けるむくろとして便所に放り込んだ。

支那では便所の下に豚をつなぎ、人様の糞尿を食べさせる。人豚の名の謂れだ。

唐の高宗の妻、則天武后にも似たような話がある。彼女は最初は高宗の父、太宗つまり李成民の後宮に入る。

彼は成り上がり者らしく偉くなると、人に真似のできない趣味を持とうとする。で、彼が趣味にしたのが書道で、わけても唐の時代から遡ること300年、東晋の政治家で書聖と呼ばれた王羲之の書だった。

彼は死ぬまでに当時、残されていた2千枚以上の王羲之の書すべてを収集して、遺言で遺体と一緒に墓に埋めさせた。

大昭和製紙会長の斎藤了英が、かつて125億円で落札したゴッホの「ガシュ博士の肖像」を「棺桶に入れて焼いてくれ」と頼んだ。

それと同じ心境なのだろうが、おかげで実はあれほど有名な王羲之の真筆はこの世には1枚も現存していない。それでも書聖であるところが王羲之たる所以かもしれない。

則天武后や西太后の「暗殺術」

話を戻して。その太宗が死んで王羲之の書と一緒に墓に埋められると、後宮にいた女たちはみな額に焼きごてをあてられ、尼になる風習だった。焼きごてはその女が別の男の愛人や妻になること、つまりリサイクルを禁止するものだった。

則天武后もだから危うく焼きごてをあてられそうになるが、次の皇帝、高宗に取り入って彼の妻になる。彼女は実権を握ると、呂后に倣って高宗の正妻王皇后と愛人ナンバー1

の蕭淑妃の手足を手術で切り落とす。そのうえで酒壺に入れて溺れ死にさせた。

ちなみに、則天武后は日本とも関係があって、日本が百済を救済に行って唐軍と白村江《はくすきのえ》で戦うが、このときの唐の政治外交は則天武后が仕切っていた。彼女の「垂簾の政」といわれるものだ。

同じ話は満州王朝の西太后にも語られる。皇帝の愛を一身に受けた麗嬪の手足を切断し、酒壺の中に入れて生かし続けた、と。壺に入れた麗嬪を引き出して西太后が会う場面が映画『ラストエンペラー』にも出てくるが、これは呂后の話と則天武后の話を足して2で割った作り話で、麗嬪は手足がちゃんとしたまま天寿をまっとうしている。

この映画の中では、西太后に背いた重臣を目一杯苦しめて暗殺する場面がある。寝ているところを襲って手足を押さえつけ、ぬれた布を1枚ずつ口と鼻の上にかけていく。そして窒息死させる。

米軍も真似した「支那の拷問」

その手法は今も生きていると法輪功信者の清流が『明日への選択』5月号に書いている。今は世間体もある。国際機関の監視もあるから体に傷をつけない拷問が主流で、「5日間の取り調べ中、寝ることが許されず、ずっと立たされ、殴打され、壁に頭を打ちつけられ、それでも眠りそうになると風油精（ハッカ油）を目に入れられた」。刑務所では1坪ほどの房に粗暴犯3人といっしょに入れられ、昼間は正座させられ、少しでも体を動かすところを見られれば手痛い懲罰があった。絶え間ない緊張を強いられたという意味だ。

9・11テロの20番目の犯人モハマド・アルカタニが、米軍グアンタナモ基地で禁じられている拷問を受けていたことがばれて、ブッシュ大統領やCIAが暫くあたふたした。その騒動を決着させたのがビーダーマン文書だったと、先日のヘラルド・トリビューン紙が報じていた。

グアンタナモ基地でのアルカタニの尋問は長い時間、立たせたままにされたり、もっと長い間、眠らせなかったり、裸にして晒しものにしたりしたことが、上院軍事委員会から明らかにされている。

同紙によると、これらの手法が実は朝鮮戦争当時、捕虜にされた米軍兵士が支那人から受けた拷問を真似たものだったという。

朝鮮戦争当時、毛沢東軍の手に落ちた米軍兵士がすっかり洗脳され、真顔で「米国は人道に反する細菌兵器を使っている」「無辜の朝鮮人の女子供まで残忍に犯し、殺した」と映像で告白していた。

それで米空軍所属の社会学者アルフレッド・ビーダーマンが捕虜体験者からどんな拷問を受けたか、その効果も含めてインタビュー調査したのがビーダーマン文書だった。

支那式は半分餓死状態にしたり、骨折した部位や被弾した傷を刺激するなど肉体的な拷問のほか、前述したように疲労とストレスを極限まで高め、さらに人格もプライドも粉微塵に砕いて「最後は抵抗することを忘れた従順な犬のようにしてしまう」効果を認めた。

「五輪開幕式」に独創性はなし

この文書をもとに、米軍もCIAもテロリストなどに対してこの支那式尋問をもっぱら使ってきた、というわけだ。

今の支那といえば、HONDAが出ればすぐHONGDAを出したり、松阪牛が評判になれば「松坂」を商標登録したり。オリジナリティはまったくない。

今度の五輪開幕式も売りは人海戦術で繰り広げるマスゲーム。あれは北朝鮮の専売だろうに、何の独創性もない。

そのマスゲームに続くのは、羅針盤から青銅器まで世界文化の発祥はわが支那というカビの生えたお国自慢だ。

それを見てふと思い出すのは、第二次大戦前夜、日本を裏切って英米に与した蒋介石と宋美齢に会ったアーネスト・ヘミングウエーと夫人のマーサ・ゲルホーンの評だ。「蒋も宋美齢もカネと権勢にしか目がなく、口を開けばいかに支那が立派な歴史を持っているか自慢する」。それはそっくり今回の五輪開会式の評になる。

変わり映えしない支那にあって、それでもただ一つ、オリジナリティというか、世界の範となっているのが拷問術とは、こちらも褒めていいのか、ちょっと戸惑う。


（2008年9月号）

南北朝鮮に資金を流すパチンコはもう止めよう

――万景峰号による送金をせっかく止めたのにまた運航再開か！

焼け跡周辺に建つパチンコ屋

米国のスーパーで買い物をするとレジで「ペーパー？　プラスチック？」と聞かれる。平たくいえば、紙袋にするか、ビニール袋にするかということだ。

で、紙袋にして、と頼んだことがある。野菜やらハムやらを入れたそれを抱えると唐突に物故した父を思い出した。ちょっとパチンコ屋に寄ったんだとかいって厚手の茶色い紙袋を抱えていい機嫌で帰ってくる。紙袋の中にはチョコレートやお菓子、ドロップの缶などがあった。遠い昔、東京タワーが建つ前のころの話だ。当時は、あの手の紙袋はパチンコの景品を入れる袋と相場が決まっていた。

他の、例えば魚屋は茶色い油紙だったし八百屋は新聞紙、肉屋は三枚肉を竹の皮で包んだ。買い物籠がごく普通にあった時代だ。

そのころ、パチンコ屋はそう目立つ存在ではなかった。我が家の近くの盛り場といえば、麻布十番だ。映画館は麻布東映に麻布中央に麻布日活に麻布名画座の4軒あり、アイスキャンデー屋が2軒、黒田レコード店が1軒あったが、パチンコ屋はなかった。

六本木には本屋が3軒あったが、ここにもパチンコ屋はなかった。パチンコ屋は新橋か渋谷とか、戦後、焼け跡だった駅前に不法バラックが建ち並んだ、そういう辺りに生えてきたような印象がある。

そのころのパチンコにはイスはなかった。みんな立って台に向かい、左手の指で玉を1発ずつ穴に入れ、右手で弾いた。

父に玉をもらって何発か打った記憶がある。強く打ちすぎてぐるぐる回って、また元のところに戻ってしまったことを覚えている。

高校時代、クラスメートのワルが神田辺りのパチンコ屋に入って補導されたというような話があった。パチンコはその程度の存在で、大学を出て新聞記者になってからは町の風物以上の意味はなかった。

ただ一度、イ・イ戦争時代のテヘランで助手に使ったイラン人青年がひょっこりやってきたとき、彼をパチンコ屋に案内した。

なぜなら、彼がいたホメイニ師のイランは酒も女も賭けごとも宗教上のタブーで、例えば不倫とかの罪を犯せば死刑にもなった。

彼はかなり苦労して国外脱出に成功し、米国に移住する道すがらだった。いわば脱出祝いであらゆるタブーを彼に楽しませた、その一つがパチンコだったのだが、驚いたことに彼はほんの5分くらいで「777」を揃えた。ビギナーズラックは本当にある。

パチンコ屋の95パーセントは「朝鮮系」

先日、孫を連れて街に出た折、時間潰しのつもりでパチンコ屋に入って驚いた。まだ昼前というのに紫煙もうもう、悪臭の中に酒の臭いも混じっていた。躊躇《とまど》っているところに化粧の濃い従業員がやってきて「子供連れはだめ」とやられた。

あの雰囲気では頼まれてもやるつもりはなかったが、パチンコは知らぬ間にあり得ないほどおぞましい場所に変わっていた。

パチンコは、実はその生い立ちから異様だった。日本では賭博は原則、禁じられている。しかし戦後、ＧＨＱ命令で半島に帰ることを促されていた在日の希望で、彼らが帰還するまでのホンの短期間、違法なパチンコ遊技場の経営が認められた。

しかし、彼らは帰らなかった。日本は焼け跡だらけだが、それでも自分の国よりはましと直感したのだろう。彼らはパチンコ業を手にしたまま居残った。いまパチンコ屋の95パーセントが朝鮮系なのはそういう理由からだ。

彼らはいつもパチンコが廃止され、日本から追い出される心配があったが、そこはずるく立ち回った。やれ俺たちは強制連行されてきただの、植民地にされただの、嘘八百を並べては廃止論を黙らせてきた。

かくて手軽でちょっぴり射幸心を煽るパチンコは日本社会に不法定着したが、なにしろ現金商売だ。やたら儲かるうえにいくらでも収入はごまかせ、脱税はもとより「年間に何千億円というカネが（万景峰号を使って）北朝鮮に送られている」と武藤嘉文外相（'93年当時）が国会で語っている。

「1時間1万円」で射幸心煽る

冗談ではない金額が北朝鮮の核開発やミサイル開発に投入され、日本の高度な精密機器の購入代金に充てられ、日本人技術者拉致の資金にもなってきた。平和を愛し、核兵器を憎むという朝日新聞は、その事実を知りながらパチンコ資金の不正を取り上げることは過去、一度もなかった。

それがあまりに度を越しているため警察庁が中心になってパチンコ玉をプリペイド式カードにした。それで金の流れを把握しようとしたが、例えば朝総連の約60軒の直営店はカード式を拒絶して脱税と北への送金を続けている。

それに日本側は打つ手がなかった。安倍元首相が万景峰号を止めたのは、その意味で初めてのパチンコ資金断絶の痛打だった。

面白いもので、パチンコ資金では沈黙を守っていた朝日新聞は、この万景峰号騒動では大騒ぎして、いまだに運航再開を紙面で訴える。分かりやすいといえば確かにそうだが、ちょっと恥ずかしくないか。

北への送金はともかく、日本人からカネを吸い上げるのは民族的な劣等感をもつ南北朝鮮にはたまらない快感らしい。それで一層射幸心を煽る機材を投入する。その筋の調査では、かつては3千円で1時間は遊べたパチンコが今では1時間1万円が当たり前になった。当たれば大きい分、するのも早い。

その結果、弱い日本人がそれにはまり、まず犠牲になったのが彼らの子供だ。親がパチンコに熱中している間に、40度にもなる駐車場の車の中で、乳幼児が蒸し殺されるという事故は頻繁に社会面の記事になった。

2年前に駐車場の見回りを全国的に実施したところ、37件56人の乳幼児が蒸し焼き寸前で救助されている。南北朝鮮人に踊らされたとはいえ、日本人はここまで変質するものか、ちょっと驚く数字だ。

あるいはパチンコ中毒でサラ金に手を出した主婦が売春に走ったというのも珍しい話ではなくなった。

そのサラ金も金を貸してくれなくなると、今度は包丁を手に景品交換所を襲って、ときには殺人事件も起こす。

そして誘拐事件も起きた。群馬県太田市のパチンコ屋に家族で遊びにきた。明るい店内。縁日の延長みたいな感覚でパチンコに興じているうち4歳の幼女が若い男に連れ去られ、行方不明になった。

総連系vs.民団系の利権分捕り

親に連れられてパチンコを打った記憶があると冒頭に書いた。だれしも持つその感覚がいまは通用しない。パチンコは南北朝鮮の思惑によって大きく変質していった。そのギャップがこの悲しい事件を生んだ。

それ以上に深刻なのが政治だ。大きなカネが動くことによって利権が生じ、それにゆかりの政治家が群がる。どんな政治家かはいわないが、韓国べったりとか、朝日新聞と同じに北朝鮮の拉致を一度も批判したことがないとかの政治家がいる。そういう連中が例えばプリペイド・カードを総連系と民団系で別々にしようという利権分捕りで争い、昂じて党を割るような騒ぎも起きた。

パチンコは国を危うくする。犯罪を生む。だから韓国も北朝鮮もパチンコは禁止だ。

そのくせ先日、小沢民主党代表と会った韓国の大統領の李明博は、日本のパチンコ業界のますますの発展と幸多いことを祈ったという。

やりたければ自分の国でやれと、小沢はいえなかったところが彼の小物性だが、いずれにせよ、もう南北朝鮮人のためのパチンコは廃止すべきだ。

（２００８年10月号）

福沢諭吉も指摘した支那&朝鮮の「脱亜論」
──日韓海底トンネル推進など日本の安全保障を無視する奴らへ

アフガン人は残忍な民族だが

それぞれの国には、ヒト様と同じにそれぞれ個性がある。

例えばアフガン人は性残忍を極める。彼らが楽しむブズカシーを一度見たことがある。ホッケーのパックが生きた子羊なのだ。それを騎乗したチームが駆けずり回りながら奪い合い、叩きつけ、突き刺してゴールを狙う。羊の子はたちまちぐちゃぐちゃの屍になる。

加えて人見知りが激しい。だから余所者が入ってくると、羊の子以上に残忍に殺しまくる。過去、奸智では負けない英国が2度占領を試み、2度手痛くやられ、残忍さでは定評あるソ連も敗退した。今は米国が手こずっている。

ただ、よくしたものでここまで残忍な民族は徹底した出不精で、国外に打って出たのは歴史上1回だけ。あの国に出かけて行かなければ、だれも怪我はしない。

先日のヘラルド・トリビューン紙に、「アフガンを制圧して民主化を図ろうなど、どだい無理な話」、「あの国は独裁者でなければ統治できない」という駐アフガン英国大使S・カウパーコールズの非公式だが、本音のコメントが載っていた。

民族性は教育したって何したって改まるものではない、という見解だ。

しかし、改まることもある。ベトナムがその例だ。

この国はもともと依頼心が強かった。隣の支那とは漢の時代から交渉があって、いつも苛められてきた。

たまには抵抗する。もともと女が強い国で、だから漢の軍勢が攻めてきたとき2人の美貌の姉妹が先頭に立って戦った歴史もある。

「娘子軍」の語源となる故事だが、彼女らの奮闘も空しくベトナムは支那に屈服し、文字も刑罰もトイレの形まで支那に倣った。臣下の誓いを立て、朝貢して支那にもたれて生きてきた。

19世紀。その支那（清朝）がフランスと戦って敗れると、ベトナムを賠償の一部としてフランスにやってしまう。仏領インドシナ、仏印の誕生だ。

ベトナム人はびっくりする。あれだけ頼りにしていたのにと、途方に暮れる。

戦うことを知ったベトナム人

そこで国を想う潘佩珠《ファン・ボイチャウ》が登場する。今や支那はお仕えするにふさわしくない。もっと強く頼り甲斐のある国はないか。彼は日本に来て犬養毅や大隈重信に面会を乞い「支那は頼むに足らず。ベトナムの新しい宗主国になってくれ。毎年、必ず朝貢するから」。

その代わり「今偉そうにしているフランスをたたき出してくれないか」。つまり自分たちは弱いから何もできない。傍観しているから、日本が軍隊を出してフランスと戦争してくれという依頼だ。

ベトナム人の長年の依頼心がいわせた言葉だ。犬養毅は「国とは自分たちで守るものだ」と彼を諄々と説得した。支那人、梁啓超にも「自分の始末は自分でするものだ」と批判された。

潘はそれで目覚める。当時、超大国ロシアと戦っている日本を見て、戦うことの大切さを知る。

そして日本に学ぶ東遊《ドンズー》運動を提唱して多くのベトナム学生が日本に留学して、ベトナム人に滲みついた依頼心を洗い流していった。

慶応義塾に留学した朝鮮人は

1908年、ハノイの基地で仏軍将校の毒殺未遂事件が起き、フランスは日本から帰国したベトナム人留学生を中心にした抵抗組織の存在を初めて知る。それ以後、サイゴン植民地政府庁舎への爆弾テロ、ホテル爆破、要人暗殺が切れ目なしに続く。

フランスは有名な監獄島プーロ・コンドールをつくり、ギロチンを20台も本国から運び込んでベトナム人の首を刎ね続けたが、戦後のディエンビエンフーの戦いでついに仏印を放棄する。

ベトナム人はその後も米国とベトナム戦争を戦い、さらに再支配に乗り出した支那も叩くなど実に70年間戦った。

依頼心が強く自主性もなかったベトナム人は日本との出合いで、その国民性を自ら変えていった。

ベトナムと同じ支那の朝貢国、朝鮮はどうか。この国も清王朝に至るまでべったり支那に寄りかかっていた。

日本はベトナムと同じに留学生を受け入れて自立を促した。受け入れ先は福沢諭吉の慶応義塾だった。

しかしベトナム人と違って彼らは「学校の金庫を破り、カネを盗んで遊興にふけった」と『福翁自伝』にある。

諭吉はそれでも朝鮮の近代化に懸ける金玉均を支援するが、金は上海で暗殺される。李氏朝鮮はその遺体を京城に晒して首と手足を切断し、胴を輪切りにした。

さらに子供を含む彼の家族を引き立てて、その場で惨たらしく処刑した。

諭吉はそれを知って「支那、朝鮮に特別の会釈はいらない」とする脱亜論を自らが主宰する時事新報に載せた。

ベトナムと違い、自立心を欠き、学ぶことも知らない国民性を剥き出しにした朝鮮は、日清戦争で支那が倒れるとさっさと次の宗主国を見つける。新しい宿主はロシアだった。

それは朝鮮にも支那にも日本にも存立の危うさをもたらすものだった。日本は会釈もしたくない朝鮮のためにロシアと戦う羽目に陥る。

国会議員よ『福翁自伝』を読め

結果、日本は戦死者9万の犠牲を払って東アジアを守ったが、それは「日本と白人国家群との対決」という新たな事態を生みだすことになった。第2次大戦はその帰結だった。

日本は、朝鮮にかかずらったばかりに危うく国を滅ぼしかけた。

その朝鮮は戦後も国民性の「依頼心」はそのまま。羞恥心のかけらもなく支那とソ連と米国にその都度媚びては身過ぎをしてきた。

あれだけ迷惑をかけた日本に韓国は「親日法」をつくった。北朝鮮は日本人拉致をやってともに恥を感じていない。彼らはベトナム人とは徹底して違う。

そんな国に対し、日韓友好とか日韓海底トンネル推進とかを恥ずかしげもなく掲げて恥じない国会議員がいる。

日本の安全保障を考えたとき、あの国と地続きになることの危うさを考えたことがないのだろうか。漫画よりは難しいが、『福翁自伝』くらい読んだらどうだ。


（2008年11月号）

日本人の名誉を毀損する最高裁「南京事件」裁判の愚
――支那人や米国人は「嘘をつかない」という信じられない判断

ＯＪ裁判に呼ばれなかった女

「お前の親父がある日、我が家に押し入って妻と娘を犯し、金を奪い、挙句に爺婆から孫まで殺して行った」――支那がいう南京大虐殺とは、平たくいえばこういう主張だった。

日本には略奪や虐殺の文化はない。いったい何を根拠に、と問う。

「それがちゃんと証人がいるあるよ」とずるそうに支那人がいい、ぞろぞろ出てきたのが宣教師のジョン・マギーにティルマン・ダーディンにジョージ・フィッチ。それに南京金陵大学の教授マギー・ベイツとスマイスなど。なぜかみんな米国人ばかりだ。

これではいくらお人好しの日本人でも米国人と支那人の出来レースと疑うだろう。それで英国マンチェスター・ガーディアン紙の記者ハロルド・ティンパーリを加え、最後に支那人の夏淑琴も入れた。

この顔触れで「日本は昭和12年、南京城を落とした日本軍は以後6週間にわたって強姦、略奪をほしいままにして30万人を虐殺した」と告発した。

こういう場合、その主張が正しいかどうか、法廷で検証される。

特に検証すべきは証言者の素性だ。

昔話になる。ロサンゼルスでOJ・シンプソンの前夫人ニコールと愛人の青年が惨殺された。有名な事件だ。OJは無罪になったが、実は犯行時刻直後、すぐ近くの通りで彼のフォード・ブロンコと出合い頭にぶつかりそうになった女性ジル・シャイブリーがいた。ブロンコは彼女の車を避けるため急ハンドルを切り、中央分離帯に乗り上げて一旦バックしてブレントウッド方面に走り去った。OJの家のある方角だ。

彼女は間違いなくOJを見たという。乱暴運転で告発するつもりで彼の車のナンバー「3CWG788」も控えた。

OJが現場付近で目撃されていた。これ以上ない重要な証言だが、検察官マーサ・クラークは彼女を法廷に呼ぶことはなかった。なぜなら彼女には麻薬と何件かの寸借詐欺の過去があった。

毒餃子騒動に通ずる天性の嘘

証言台に立っても彼女の嘘つき人生が暴かれるだけで、ＯＪの有罪立証には逆効果と判断されたためだった。

それほど証言者の性癖は、証言の信憑性を判断するうえで重要なのだ。

その視点で夏淑琴ら支那人を審査して見る。例えば、支那の国父孫文。彼は日本人有志が血の出る思いで拠出した借金をみな踏み倒した。

彼は「万里の長城内の漢族の領土を取り戻したい」と日本に援助を乞いながら、いつの間にかチベットも満州も新疆もオレのものだといい出した。天性の詐欺師だ。

国父ですらこの有様だ。今回の毒餃子騒動を持ち出すまでもなく、彼らは嘘をつくことに何のためらいもない。夏淑琴も含め、彼らの言葉を信用するのは難しい。それでも南京大虐殺を真実といいたいなら、証拠を出せばいい。

もっともそれは難しい相談だと石平氏がいっていた。漢の劉邦と楚の項羽が戦った垓下の戦いは紀元前202年の出来事だが、古史にいう項羽最期の地から彼の愛用した銅剣が見つかった。

鍍金が施され腐食もなく、今に往時の輝きを残していると石氏はいう。

たとえ2千年経とうと、史実なら必ず証拠が出てくる。しかしわずか半世紀前の南京からは「30万人どころか1体だって虐殺を示す発掘などない」と。

「嘘と騙しが得意技」の米国人

そんな嘘つき支那人を支えたのが米国人教授や聖職者だが、彼らは信用に値するのか。

歴史は米国が支那人以上に嘘つきだったことを証明している。例えば米国の国生み物語になるメイフラワー号の清教徒たち。彼らはインディアンに食べ物を恵んでもらって冬を越す。感謝祭の起源だが、春が来ると彼らはインディアンの酋長を殺し、その妻子は捕らえてカリブの商人に奴隷にして売っ払ってしまった。

米大統領マッキンリーは、フィリピン人に独立させると約束して米西戦争に協力させたが、それを反故にして植民地にし、文句をいった60万人を殺した。

第一次大戦のおり米国の駐独領事が英タイムズ紙に「ドイツでは死体からグリセリンを取って潤滑油にし、抽出後の死体は豚の餌にしている」と語った。

戦後、同紙はこの米外交官の話はすべて作り話だったと記事を訂正した。

ブッシュのイラク侵攻の口実も嘘まみれなら、米国発の経済不況の元凶もまたデリバティブとかレバリッジとか、孫文のいい分に似た詐欺師の商法だった。

大統領から軍人、株屋まで嘘と騙しが得意技というのが米国の偽らざる本性だ。

そんな米国人グループがさも公平そうに証言者の輪に加えた英国紙記者のティンパーリは、実はオーストラリア人だ。この国は国際連盟の規約を決めるパリ会議で日本の出した人種平等法案を率先して潰しに回った人種差別国家だ。実際、彼らはその当時アボリジニを撃ち殺すのを日曜日の娯楽にしていた。ジル・シャイブリーの例に当て嵌めれば、彼らの証言はまず採用されないだろう。

南京事件を出鱈目とした東中野教授の著作に絡んで、夏淑琴の持ち出した名誉毀損訴訟に最高裁が判断を下した。

恥ずかしい「最高裁の宣明書」

最高裁には実に恥ずかしい過去がある。日本の首相が米航空機メーカーから賄賂を取ったとするいわゆるロッキード事件で、最高裁が「米国人は聖書に誓って証言するから嘘をいわない」という信じられない判断を下した。だから米国人がいうことはすべて正しい、と。世にいう「最高裁の宣明書」だ。

かくて大統領から株屋まで定評ある嘘つき国家・米国人が出まかせで喋った言葉を根拠に、日本の裁判所は田中角栄を有罪にしてしまった。

少しは反省したかと思ったら、呆れた。わが最高裁はマギー神父は米国人のうえ聖職者だから「嘘はいわない」とし、「夏淑琴も信用できる」から、彼女の主張に疑問を投げかけた東中野教授の研究は名誉毀損に当たると判断した。

日本人の名誉を毀損しているのは、サルにも劣る最高裁ではないか。

（2009年3月号）

民を泣き寝入りさせる北朝鮮との国交にＮＯを
――ビルマのネウィンは国家再建のためデノミ徳政令を出したが

2千の英国人がインドを統治

’62年、軍事クーデターでビルマの実権を握ったネウィンは当初、どう国を処理していいか途方に暮れた。

ビルマは、ほんの1世紀前までは敬虔な仏教徒ビルマ族の国だった。すべての民は8歳で髪を落とし、仏門に入り、集団生活を送りながら仏の道と読み書きを習った。食事は毎朝の托鉢で賄う。

修行が明けると還俗して家族の下に帰る。ビルマ人が日本と並んで高い識字率を誇ったのは、この制度のおかげだった。

豊穣の実りに加え、石油を含む地下資源にルビーなど宝石も産出した。

その豊かさを狙って19世紀、英国がこの国を武力攻略した。英国は植民地統治では実に狡賢い。インドではイスラムとヒンズーの宗教確執に加え、人種や風俗の違いも対立をあおる材料にした。

西ベンガルでは人種と宗教が異なるベンガルとビハールを抱き合わせ、地方選挙のたびごとに双方で1千人単位の住民が殺されてきた。インド人が団結して英国の植民地支配に抵抗しようなどという状況は望むべくもなかった。

だから、たった2千人の英国人が4億のインド人を自在に統治でき、第一次大戦では英国のためにインド人が嬉々として戦場に赴き9万人が戦死している。戦没者の名はニューデリーのインド門に彫られ、彼らは英国のために戦死することを誇りとしてきた。

そういう経験からいえば、単一宗教単一民族のビルマの統治は難しい。で、英国は考えた。それならいっそのことビルマを多民族多宗教国家にすればいい。

植民地システムを壊した日本

かくて華僑をどんどん入れ、山ほどのイスラム系インド人を運び込んだ。華僑にはビルマでの交易の下請けを任せ、インド人は主に金融を担当させた。そして仕上げにモン、カチン、カレンなど周辺山岳民族を山からおろしてキリスト教に改宗させて、軍と警察を担当させた。

治安対象は、この国の本来の主ビルマ人で、彼らが団結して英国人に歯向かわないよう、その目配りをやらせた。騒擾があれば、その鎮圧が任務だった。実際、'30年代に起きたサヤサンの暴動では、モンの部隊がインド兵とともに残忍な鎮圧をやっている。

かくてラングーンには、この山岳民族のためのキリスト教会とインド人用のモスク、華僑の関羽廟がスーレーパゴダを取り囲むように建ち並んでいた。首都の人口構成も宗主国の英国人とシーク教徒のインド人、ベンガル人、華僑、それに山岳民族が64パーセントを占め、ビルマ人は36パーセントだったと英史家J・ファーニバルが記録している。

そして第二次大戦。日本軍が英国の芸の細かい植民地システムを打ち壊し、アウンサンがビルマ人の国防軍を作った。

しかし、多民族多宗教という社会構成は、戦後もほぼそのまま残り、商業実権を華僑が、金融関係をインド人が握ったままだった。

ネウインが当惑したのは、英国が持ち込んでそのままビルマ社会に棲みついたインド人、華僑、山を下りたままの山岳民族をどうするかだった。

ここはビルマ人の国、華僑もインド人も国に帰れ、山岳民族は山に戻れといっても、ハイそうですかと出ていく相手ではない。強制すれば内戦の危険だってある。

「ともに貧しく」政策のビルマ

で、ネウインが選んだ道が鎖国だった。国を閉ざし、自給自足で行く。ということは、貿易も商売もほとんどなくなる。それで食ってきた華僑は困った。でもやせ我慢がいつまで続くか、たかをくくっていたのが3年経ち5年経っていく。ネウインに泣きついても「ともに貧しく生きましょう」と諭される。華僑の多くはこのときに逃げ出していった。

ベトナムでは南北統一後、居着いた華僑に対し、強制的に財産没収をやった。それが嫌で華僑は小さな船で逃げ出した。いわゆるボートピープルだ。多くは同胞の支那人の海賊に襲われ、殺された。嵐で船が沈んで死んだ者もいる。

それに比べて、ビルマ方式はいかにも殺生を嫌う仏教国らしい手法だ。

ネウインはまた何年かごとにデノミや新札を発行した。そのとき例えば5万チャットを上限にそれ以上は没収した。「ともに貧しく」政策だ。貧しいビルマ人はだれも上限に達しないが、金融業のインド人には痛手だった。持ち金を家族に細分して目減りを最小限にしたが、ネウインの新札発行は頻繁に行われ、その都度、限度額は下げられた。最後は新札の図案も出尽くして90チャット札45チャット札まで登場した。インド人も、ついにビルマに長居するだけ損になることに気づいて出ていった。

問題は山岳民族だったが、ネウインは彼らとの共存の道を選ぶことにし、国名をビルマから「ミャンマー」に改めた。結局ネウインは「貧しさ」という誰も傷つかない手法で、英国植民地が残した負の遺産を大方洗い落とすのに成功した。

しかし、忍耐強いビルマの民も4半世紀に及んだ鎖国に倦み、'88年にいわゆる民主化運動が起きる。ネウインにひどい目に遭ったインド人、華僑、それに一部の山岳民族が英国の手先のアウンサンスーチーを担ぎ出したのはこのときのことだが、それは別項に譲る。

金正日「不逞の者」は銃殺せよ

昨年暮れ、金正日は突如としてデノミを実行した。100ウォンを新1ウォンにするそうだが、各家庭は1か月分の収入に相当する10万ウォン（約30ドル）だけしか交換できなかった。それ以上の貯金はすべて没収される。人民の不満は高いが、金正日は1人10万ウォンの制限を掻い潜って他人に交換を依頼した「不逞の者」2人を銃殺して強硬姿勢を納得させた。また民の泣き寝入りで終わりそうな気配だ。

北朝鮮では国家経済をよそに、ヤミ市など地下金融が国家予算の半分にも達している。今回のデノミはこうしたヤミ市の成金から金を絞り取るのが目的だという。ネウィンは国家を再建するために、泣いてデノミ徳政令をやった。同じ新貨発行という手法でも、金正日とは志が違う。

日本は、ヤミ市の上前をはねて恥じない首領を戴く国との国交などいらない。

（2010年2月号）

北朝鮮とそっくりの小沢首領様の「公開処刑」
――北朝鮮の死刑囚は顎を砕かれてから処刑台へ上るが

石を口の中に入れられたまま

いつだったか、北朝鮮の公開処刑の模様を日テレが流していた。

脱北者が持ち出したという白黒のビデオで、映像はまず河原らしい殺風景な広場に幾百人の住人が曇天の下、うっそりと立ちつくす図から始まる。

どの顔も暗く無表情で、飛び出した頬骨に細い目という顔の造作を見るまでもなく、北朝鮮人と分かる。

「脱北者リポート」などによると、公開処刑は満洲国境に近い会寧川の河原や游仙洞駅前の広場がよく使われるといい、おそらくこれも会寧川の河原と思われる。リポートでは公開処刑の場合、近隣の各戸に動員がかけられ、子供まで処刑を見るよう強制される。

カメラは小高い丘の上に警官に両脇をとられて立つ男を映し出し、映像にかぶさるように男の罪状が読み上げられる。

「腐りきったブルジョア思想に染まって若い女をいたぶり、獣も赤面する犯罪行為に浸り、人民大衆中心の社会主義制度を堕落させ…」

聞き様によっては、喜び組に奉仕させる金正日の告発にも聞こえる。

次の場面で警官が畳2畳分ほどのズックの布を掲げ、その後に処刑される男が連れ込まれ、ややあって幕が払われると杭に縛られた男が立っていた。判事が死刑を宣告し、執行官の「撃て」の号令に続いて銃声がして男が崩れ落ちる。

男の嫌疑は、脱北の手伝いと西側のビデオの持ち込み。そんな微罪で処刑されたのではたまったものじゃない。

せめて「北朝鮮に自由を」とか「くたばれ金正日」とか、心のたけをぶちまけてもよさそうに思うが、男は銃殺まで一言も口をきかなかった。なぜか。

脱北者リポートにその理由が書かれていた。死刑囚は刑場に引かれるとき、口に石を詰められる。

処刑前、暗幕の陰に引き込むのは彼を寝かせて石を口の中に入れたまま、銃の台尻で顎を砕くためという。

幕が払われ、人々の前に立たされた時はもう石を吐き出して叫ぶこともかなわない状態なのだと。

デノミの責任者が処刑されて

最近はこうした末端の人々だけでなく、結構な幹部クラスも処刑され始めた。昨年5月には「朝鮮労働党副部長の崔承哲が処刑された」(読売新聞)。彼は韓国との融和政策の責任者で、盧泰愚のあと李明博が出て南北対立に逆戻りすると「過去の間違った融和政策」の責任を取らされて、処刑されたといわれる。

今年3月には同党の計画財政部長、朴南基も処刑された。日本でいえば、財務省の主計局長クラスになるか。

彼の場合は昨年11月に執行されたデノミの責任者とされ、それが凄まじいインフレと経済失速を呼んだ。虐げられることになれた国民も、さすがに金正日に向けて怨嗟の呻きを上げた。

それで金正日は「こんな馬鹿をやった奴はこいつだ」ということにして処刑してしまった。

それで庶民が溜飲をさげ、あるいは娯楽の少ない閉鎖社会で一種の見世物効果を上げればと金正日が目論んでいたことは小学生だって分かる。

以上のことは民主党が今やたらに力瘤を入れる事業仕分けの模様を見ていてふと思い起こしたものだ。

社保庁から情報を得た「朝日」

処刑された崔も朴も為政者の手足となって働いてきた。日本でいえば官僚になる。ただ2人とも民を向かず、首領様にひたすらお仕えしてきた。

「民を向かず」という点では日本の官僚に通じる。ただ日本の官僚は為政者にもお仕えしない。ひたすら自分たちのために働く点でもっと悪質かもしれない。

例えば社会保険庁。堤修三ら歴代長官は国民から掻き集めた保険料でまず自分たちの官舎を建て、公用車を買い、祝儀不祝儀のカネにも流用してきた。

後に最高裁判事になった横尾和子などは、それがばれないよう原簿の処分を命じている。背任横領に証拠隠滅もやった。

上がこの有り様だから部下も使い込みは好き勝手にやり、仕事はさぼる。社保庁のイメージキャラクター江角マキコの未納問題が騒がれると、個人情報もへったくれもない、加入者名簿を引っかき回しては社民党に垂れこんで著名人の未納を暴いて喜んでいた。

倫理観のかけらもない屑どもだが、ただ安倍政権はまともだった。こんな屑でも行政府の一員、つまり行政を預かる内閣の部下になる。部下の不始末で国民に迷惑をかけたのだから安倍首相は国民に頭を下げ、社保庁の立て直しを約束した。

犯罪人横尾和子やその部下の処分は立て直しが済んだあと司法当局に委ねるという手順だったが、これを狂わせたのが新聞、とくに朝日新聞だった。この新聞は社保庁を食い物にした犯罪人と取り引きして情報を得ては安倍政権を叩きに叩いた。横領犯の1人、元社保庁長官の堤修三には使い込み防止はこうしてやれと署名入りで書かせた。支那人にピッキングの防犯処置を聞くようなものだ。

「事業仕分け」は見せしめ刑だ

かくて安倍政権は倒れ、悪い社保庁はお咎めなしで残り、国民は憤懣が残った。

この展開に目を付けたのが小沢一郎の民主党政権だった。彼は金正日と同い年で性格も似る。国民の溜飲を下げるのに北朝鮮方式は使えるぜと直感した。

だから公約に反して高速道路は無料どころか値上げし、普天間移転も戯言と開き直り、経済は破綻させ、三国人のみ優遇とやって国民もその馬鹿さ加減にあきれると、官僚の中から日本の「崔」や「朴」を探しだし、公開の場に引きずり出して百叩きにする。これがいわゆる「事業仕分け」になる。

この公開見せしめ刑に朝日新聞はさすが小沢首領様と喜び、民主党を選んだ馬鹿な国民も憂さが晴れたとはしゃぐ。民主党マンセーとか。何もかも北朝鮮そっくりの演出だが、ただ一つ、向こうで処刑されたのは善人、こっちはみんな悪人という違いはある。

（２００９年６月号）

第6章

朝日新聞の独善と二重基準《ダブルスタンダード》を斬る

朝日新聞・社説が唱える「戦争の大義」は嘘っぱちだ
——いまだにイラクの大量破壊兵器にこだわる小学生以下の議論

「神に呪われた苦い味」の理由

最近、テレビコマーシャルに「Dole」のジュースがよく登場する。

ハワイにいけば、名所のひとつにこの名のパイナップル農場がある。あるいはマウイ島の隣、ラナイ島がそのドール家個人の持ち物ということもよく知られる。

島の大きさは370平方キロ。表向きは20世紀初めにジェームス・ドールがそこを購入したことになっている。

米国らしいスケールの大きい夢のような話だが、これが朝日新聞の記事みたいにいんちきなのだ。

ドール家がこんな大富豪にのし上がったのは、先代サンフォード・ドールに負う。彼は19世紀半ば、宣教師の父に手を引かれてやってきて、成長するやハワイ王朝の乗っ取りに情熱を傾ける。

決行は1893年、米国系白人市民の専横に歯止めをかけようとしたリリオカラニ女王にクーデターを起こして退位させ、自らハワイ共和国大統領に就任した。

このクーデターを、実は米国が後押ししていた。ときの米国公使J・スティーブンスは、米本国に「邪悪で淫乱なリリオカラニ女王の圧政で在ハワイの米国市民の生命財産が危機に陥った」と打電している。

リリオカラニ女王は、あのアロハオエを作詞作曲した文人女王で知られる。淫乱でも残虐でもないし、米国系市民がハワイ王朝の軍隊より近代化された私兵部隊ホノルルライフル部隊を持っていることもよく知られる。

しかし、太平洋の覇権を考える米国にとってハワイは最重要戦略拠点であり、欲しい。米政府はこのスティーブンス公使の見え見えの嘘を世界に喧伝し、米戦艦ボストンを米市民保護の名目で使った。ボストンは砲口を女王のイオラニ宮殿に向け、退位させた。

あとはドールやその仲間の思うまま。ハワイの国土は米国に寄贈して併合させるが、島のすべての権益は彼らが取り、その子孫が今もハワイの海運から不動産までを握っている。

王家の領土は米政府が取ったが、一部は論功として個人所有にした。ラナイ島である。

ドールのジュースには、そういう神に呪われた苦い味がある。

米軍はフィリピン島民を虐殺

米国はハワイ王国を不適切な方法で奪取すると、次にスペイン領フィリピンを狙った。西太平洋に新興国・日本が登場し、中国を破りその存在感を増しつつある。将来の敵となる日本を牽制し、ついでにアジアへの橋頭堡としてフィリピンは格好の存在だった。

それで米国は同じくスペインの植民地キューバの独立運動に目をつけた。「植民地の圧政に苦しむキューバ人を救うため」というのが表向きの看板で、1898年4月、米国はスペインに宣戦布告した。

その開戦の日、マニラ湾の近くに米海軍戦艦が遊弋《ゆうよく》していた。逆算すれば、米国がスペインに宣戦布告をする少なくとも2か月前に米艦隊は出動命令を受け、太平洋を越えてマニラに向かっていた計算になる。

マニラのスペイン軍は、あっけなく白旗を掲げた。米軍は上陸すると、独立を目指すフィリピンの島民約20万人を虐殺し、スペインに代わってそこを植民地とした。

米国はこの戦争を「虐げられた人々に自由の手をさし伸べる」（米西戦争記念碑）ための

戦いだったとしている。

ちなみに今、朝鮮半島、中国、そしてアフガン、中東に連なる「不安定の弧」を仕切る最前線本部が置かれるグアムも、このときフィリピンといっしょに奪ったものだ。

中国を支配していた満州民族の清王朝が滅んだ。彼らは満州に戻り、そこに自分の王国を築こうとした。孫文ら中国人は反対したが日本がそれを助け、満州帝国ができた。

米国はこれを日本の傀儡《かいらい》政権と罵り、やがて日米戦争の口実にした。

朝日「天声人語」と「社説」の差

その米国は欧州でナチス・ドイツがデンマークを落とすと、急ぎ兵を出してデンマーク領アイスランドを急襲し占領した。まだ米国が参戦する前の1940年の出来事だ。

そしてアイスランドに独立運動を起こさせ、その独立を承認する。「自由を望む人々の意思を尊重する」という口実を使った。

要はデンマーク領のままでは、ここにドイツの前進基地ができて、米国には極めて不利な状況になると読んだからだ。

これこそがまさに傀儡政権だが、米国はその非難にはいっさい答えていない。

朝日新聞の天声人語（3月27日付）が101歳で亡くなったジョージ・ケナンについて書いていた。日本の戦後復興にも深く関わったケナンは米国務省に「20年先のことを考える部局」政策企画室を作った人物でもあると、コラムは紹介している。

クラウゼウィッツは戦争を国家が行う高度の政治手段と規定した。国家とはケナンのいうように20年、いや100年先を読む。そしてまさにフィリピンやアイスランドを取ったのも、それが5年先、50年先に米国の国益になると判断したからにほかならない。

そして高度の政治手段、つまり戦争を発動するとき、どの国も「自国の国益のため」とはいわない。嘘でもいいから耳当りのいい、国際社会受けしそうな口実、例えば「圧政に苦しむ人々を解放する」とか「ファシズムからの解放」とかを掲げる。

これが「戦争」の形である。天声人語が引用したケナンの「20年後を読む」とは国益を考えた戦争のあり方を指している。

ただ、そう紹介しているくせに、朝日自身がケナンの真意をまったく理解できないお馬鹿さんなのだ。

このコラムから1週間後に「これで戦争するとは」という社説が出てくる。

例のイラク問題で「イラクに大量破壊兵器がなかったことは米国の現地調査団が決着を

つけた。では、米国はなぜ『ある』と信じたのか」と続ける。

それは「情報機関があまりにお粗末でまったく誤った判断を政権中枢に伝えていたからだった」という。「あまりにお粗末」なのは、この社説を書いた論説委員だろう。

前述したように、だいたい戦争をするときに掲げる「大義」がそのまま真実だったためしはない。そんなことはキューバを口実にした米西戦争を見れば、小学生だって分かる。

朝日はただのクレーマーか!?

イラク戦争を発動する際に、米国と英国が用意した「大量破壊兵器」云々も、まさに口実に過ぎない。

目的は「何が何でもサダム・フセインを取り除くこと」にあり、なぜそれが必要かは、ケナンのいうように20年先を読んだ戦略上の要請があったからだ。

ジャーナリストだったら、米国が20年後をどう予測し、どういう形なら米国の国益に適うと読んだのかを探り、そしてそれが日本の国益とどう絡むかを考えるものだ。

それを「大量破壊兵器はなかったじゃないか。どうしてくれるんだ」「米国の〝言い分〟に乗った小泉さんはどう落とし前をつけるのか」では、ただのクレーマーに過ぎない。

朝日新聞にヒントを上げる。サウジのアブドラ皇太子がまもなく国王になる。フセインが元気なら、この2人を軸に中東はアラブ民族主義が勢いづく。もう一つ、イスラエルのユダヤ原理主義者が暴走を始めていて、米国もこれを抑えられない。このままでは10年以内に中東の石油を破壊しつくす中東最終戦争が起きると、米国は読んでいる。たまには頭を使ってみたらどうだろう。

（2005年6月号）

沖縄返還「密約」説に乗る朝日新聞の浅はかな論調

――一方でカンヌ国際広告大賞では電通マンの情けない一票が…

中国の人工衛星に見る物真似

嫌いな国、胸糞が悪くなる国といえば、中国とか韓国辺りが相場だろうか。

とくに、中国は可愛くない。

この国の近代化の基本は「日本人にできることは、われわれにも出来るはずだ」と日露戦争を見て語った孫文の言葉で、以来、中国はひたすら日本を手本にしてきた。

日本人が卓球で世界一になると10億の民に卓球をやらせ、今では日本より強くなった。

三宅選手が勝つと重量挙げに力を入れ、東洋の魔女が名を売るとバレーに手を出した。

スポーツはそれで何とかなったが、技術や知的財産はからっきしだめだった。

50ccの原チャリも作れない。それで日本製品をばらしては、そっくり盗作することで誤魔化してきた。ホンダを寸分違わずコピーした「ＨＯＮＧＤＡ」がいい例だ。

性悪の中国人はそれを認めたがらず、「中国は日本に先駆けて人工衛星を飛ばした」とか、偉そうにいう。

確かに地上200キロの低空周回軌道に乗ったことは確かだが、その乗員の帽子を見て十分に笑えた。もう半世紀も前のソ連ガガーリンが被っていたのと、そっくり同じ形だった。

中国の宇宙開発は、蜜月時代のソ連から技術を盗んだものだ。盗用の技術はすごい。寸分違わずに作ったのは立派だが、せめて帽子の形くらいは変えたほうがよかった。

その中国が、宇宙開発では「日本を追い越し、10年以内に米国に追いつく」（3月11日付産経新聞）と見栄を張る。3千万人を殺した大躍進のスローガン「超英追美」（英国を追い越し米国に追いつく）を思い出す。またこれで何千万かが殺されるのだろうか。

そういう中国や、喧《かまびす》しい韓国がすぐ隣で喚き続けるので日本人は見落としているが、たちの悪さではノルウェーもひどい。

この国は事情も知らないくせに、なぜか日本を嫌って、折に触れては侮辱する。

例えば、この国のブローテン航空のテレビコマーシャルだ。タイトルは「日本人」。

日本人乗客が出されたケーキをお絞りと間違えて顔を拭き、クリームがべったり。同じ日本人が次に乗ってきてお絞りを渡されると、「おなかが一杯」というゼスチュアをして断ってみせる。

日本人役は、ぶよぶよ肥って顔がでかくて醜い。朝鮮系の印象だが、いずれにせよ日本人を外国語が話せない、ホットタオルも知らない馬鹿に描いて虚仮《こけ》にしている。

ノーベル平和賞に対する疑問

しかし、お絞りは日本固有の文化だ。日本人が発明し、それを戦後、日航が国際線進出とともに機内サービスとして出した。

外国人、とくにノルウェー人は、そんな美風を知らない。朝、顔も洗わない。つい半世紀前まで風呂に入る習慣もなかった。中国農民と変わらない生活をしてきた。

中国の農民はまだ箸を使うが、彼らはつい最近まで手づかみで食っていた。かなり下品な育ちをしてきた民族だ。

そんな彼らに、ちょっと汗ばんだり埃っぽさを感じたりというときに、そっと出されるお絞りの心地よさは、理解もできない。

それを馬鹿にすることなく、そっと教えたのが日本だ。そんな起源も知らず「日本人がお絞りを知らない」という無知で悪意ある制作態度は、明らかな人種偏見を感じさせる。

ちなみに、この作品はカンヌの国際広告大賞で、グランプリを獲得した。日本からは電通の社員が審査員で出ていたが、彼はお絞りが日本文化とも知らず、この作品に喜んで一票を投じた。電通の人材不足にあきれる。

ノルウェーは、スウェーデンのノーベル賞に対抗してノーベル平和賞を出している。しかし、受賞の定義があやふやで「極めて政治的に使われる」（ブルッキングス研究所リチャード・ハース国際政治学部長）といった指摘が毎回出る。

過去の受賞者を見てもまともなのは、'79年のマリア・テレサと'89年のダライ・ラマ、'93年のマンデラくらいか。

あとは胡散臭い。先年は地雷除去の米国のNPOが受賞したが、その直前まで米、露、中国の地雷生産国家の責任が追及され、非難されていた。この3か国が製造し、ばら撒いた責任を取るべきだ、と。

それをNPOが平和賞を受賞することで、米露と中国はまんまと責任逃れして、代わりに日本などが資金拠出を割り振られた。

佐藤栄作にケチをつけた委員

ともに無差別テロで名を挙げたイスラエルのラビンとパレスチナのアラファトが受賞したのは、中東紛争終結のための政治的思惑からだ。しかし、ラビンは身内に暗殺され、アラファトは棺の蓋を閉じる前に国際援助を私していた正体がばれた。

最悪がポルトガル人と原住民の混血（ハーフカスト）のラモス・ホルタだ。ポルトガル植民地だった東ティモールをもらえると思ったら、インドネシアに吸収され、偉い白人の血を持つのに原住民と同じ扱い。それで東ティモールに石油があることを知って、オーストラリアと母国ポルトガルと組んで例の独立運動をやった。

平和賞機関とどういう取引をしたか、前述のハース部長も首を傾げる中、ホルタの受賞が決まり、東ティモールは独立する。

そういう非難を受けて、平和賞委員会が100周年記念の折に攻撃に出た。諺にいう「桑を指して槐《えんじゅ》を罵る」という奴で、委員会自ら平和賞を授けた者の悪口をいい出したのだ。

ハース部長の米国も、政治的受賞者は星の数ほどいる。平和賞の不純を非難するなら、「米国のだれそれもごく政治的だったことを暴露しますよ」という脅しだ。

で、委員会が見せしめにしたのが、非核三原則を政策化したことで'74年に受賞した佐藤栄作だった。平和賞委員会のスティネルセン博士は、ノルウェーのアフテンポステン紙に「あれは最大の誤りだった」と述べている。

非難の根拠は、彼が非核三原則を陰で非現実的といったという噂だけ。前述のブローテン航空と同じで、日本はそういう非難に真剣に怒らない。大人しいからスケープゴートに使ったわけだ。実に卑劣なやり口だ。

しかし、佐藤栄作の業績は恐らくマリア・テレサを凌ぐぐらい大きなものがある。なぜなら彼は非核三原則を掲げ、戦争なしで失地を回復している。

沖縄返還は、実は世界の歴史にも例を見ない快挙なのだ。

中国へのODAこそ「密約」だ

彼は東西冷戦という状況を踏まえ、なお性悪な東側陣営も非核という形で納得させ、その上で米国を説得した。

そして戦争もしないで沖縄を取り返した。米軍基地の費用を見るという条件はあるにせよ、人類の歴史になかった「領土紛争の平和的解決」を現実のものとしたのだ。

現にあの強欲ロシアですら、北方四島のうち幾つかは戦争なしで返すといい出している。それを考えれば、平和賞10個分にも相当する偉業といっていい。

最近その沖縄返還で密約があったと、朝日新聞が嬉しそうに書いている。なぜ自民党は密約したのか、と。あのころ、つまり70年安保のさなか、この新聞は領土を平和裏に取り戻せる意味が理解できなかった。ひたすら反政府、反安保を叫んでいた。

本来なら歴史的な偉業に付随する必要経費の400万ドルを「密約」にせざるを得なかったのは、朝日以下のマスコミも文化人もモノが見えない馬鹿ばかりだったためだろうが。しょうもない中国に400万ドルどころか何億ドルものＯＤＡを意味なくやっている。国民はそっちの方に密約があると疑っていることを、朝日新聞は知っているのだろうか。

（２００６年４月号）

韓国と中国を手本にする朝日新聞女性論説委員の愚
――女性差別廃止をいうならサダム・フセインのよさを取り上げよ

朝日が持ち上げる梨花女子大

さきの総選挙で史上最多の43人の女性が当選した。それでも「世界187か国の中で105位という低率だ」と朝日新聞の女性論説委員、越村佳代子がコラムで不満を述べていた。

女性議員が増えたのは女性の政治意識が増したわけで、とてもいいことだと思う。

とくに今回はあの虚構の「百人斬り」問題で、賢《さか》しらな中国とそれに媚びる毎日新聞など巨大メディア相手に文字通り孤軍奮闘してきた稲田朋美さんが当選している。

北京の幇間・河野洋平とそのもどきがあふれる衆院で、彼女の登場はまさに一陣の爽風にも似た心地よさを与えたものだ。

もっとも、それに紛れて秘書給与詐欺で捕まった辻元清美まで当選して、犯罪仲間以上の親近感をもって北朝鮮のために奔走を始めている。こちらは腐臭ふんぷんだ。多いことはいいことばかりはいえないのが悲しい。

ところが朝日の論説女史は、それではよろしくない、数をもっと増やせという。どうすれば女性政治家を増やせるかというと、その先進国である「韓国と中国をお手本にせよ」という。とくに韓国には120年の歴史をもつ梨花女子大があって、多くの女性指導者が出ているではないか、と。

いいお話だが、これは勘違いというか、無知というか、なんとか丸出しに近い。

大体、朝鮮は儒教原理主義をかざして女性は蔑視し、名前も付けなかった。

今の朝鮮人は夫と妻が別姓で、あたかも女権の高さを象徴しているようにいわれる。

それは真っ赤な嘘で、名前がないから嫁いできた実家の姓で呼ばれただけの話だ。

これが改められたのは彼らが日帝植民地時代と呼ぶ時期に、その「日帝」が彼らのために電気を引き、鉄道を走らせたうえに戸籍も作ってやって名前のない女性には名前もつけさせた。女性への差別も廃して女性が初めて学校に行けるようにもなった。

ちなみに日本は統治中に特権階級の両班《ヤンバン》の子弟用に100校ほどあった小学校を4千校に増やし、平民や小作人の子弟にも教育の場を確保した。みんなが高等教育を受けられるよう高校を250校に、大学も22校まで増やした。

朝日新聞がいかにも女性解放の象徴のように「120年の伝統」と書いた梨花女子大は、特権階級の婦女のためのものだった。

しかし、日本が去ると、悲しいことに朝鮮では女性差別は甦り、今も多くの女性は亭主や息子など男どもの給仕をすませてから台所の隅でひっそり食事を取っている。

超音波診断の利用で女児堕胎

妻への暴力も復活し「女は3日殴らないと天に昇る（3日殴らないと増長する）」という諺もあると呉善花女史が『正論』別冊に書いていた。ちなみに妻を殴る回数は50パーセントの家庭で「月4回」に減ったが、暴力の形態は「手足で」のほか「鈍器で」や「たばこの火の押し付け」が増えているという。

もっと悲しいことに韓国では日本人医師が発明した超音波診断を利用して胎児の性別を識別し、女児を堕胎している。

今の韓国の男女出生比は女100に対し男115で、差別のない日本の「女100に対し男105」と明確な有意差が見て取れる。韓国の女性蔑視はこんな殺人行為も生んでいるのだ。

ぺとかポとかの韓流ブームで韓国人と結婚する愚かな日本人女性が増えたが、その多くはこの異常な男女差別に直面し、驚き、呆れ、そして離婚している。

越村論説委員は、それも知らずに韓国を見習えと書く。覚えておくといい。歴史的にも日本女性は世界で一番素敵な教育環境に恵まれていたということを。

日本は身分や地方中央の差もなく、女性が教育を受けられた。その表れが防人とその妻の間の相聞歌であり、そして世界に先駆けて登場した女流作家による源氏物語の登場だ。

ニューヨーク・タイムズが、その源氏物語を単に閨房リポートで、女は難しい漢字も書けない、女文字（平仮名）で書いたとかくさしていた。白人より早く日本に女流文学が生まれたことが悔しいらしいが、執筆者は源氏物語を読むべきだった。そこには漢籍を読み、男に漢文を教える教養ある女性がわんさかいたことを知っただろうに。

宗教統治を排したサダム政治

女性論説委員にもう一つ教えるとするなら、あの評判の悪いサダム・フセインが実はイスラム世界にあって女性差別を廃止したとてもいい人だった、ということだ。

イスラムの経典コーランのベースは露骨に女性蔑視を語る旧約聖書だ。女は不潔で、男児を産んだら30日間、不潔な女児を産んだら60日間、忌み小屋にこもれとか、女は髪を短くしてスカーフで包めとか。今もユダヤ教の聖地エルサレムの嘆きの壁には女性は立ち入り禁止だ。

その旧約聖書を手本にしているから、イスラムの女性蔑視はきつい。ユダヤ教のスカーフの掟はチャドルとして体中を包ませている。

また、初潮を迎えた女は、家族以外の男と話すことも禁じられ、デートなどもってのほかになる。

学校も男女別になるが、問題は教師だ。女が差別されてきたから、女の先生がいない。男は女に教えられないから結局、女に学問は与えられずにきた。日本が来る前の朝鮮と同じだと思えばいい。

これで困るのが病院だ。サウジアラビアを例に取ると女が患者になると、男の医師は診断も手術も出来ない。同じように看護婦もいない。要するに女は病気にもなれなかった。

それでこの国は、昔の宗主国・英国から女医と看護婦を送ってもらっている。この国では酒もポップスもダンスもイスラムの教えゆえに禁じられている。だから、送り込まれた看護婦が薬用アルコールに味付けしてどんちゃん騒ぎして国外追放になったとかいうニュースが毎年のように起きている。

そういうイスラム世界で非現実的な宗教統治を排したのが今、大量虐殺など多くの罪状で裁かれているサダムだ。

イラクはもともと英国に媚びるアラブ人一族が石油の上がりを一手に握り、国民はベドウィンとクルド族が過半を占め、それがシーア派とスンニ派に別れて時節折々に衝突しては殺し合っていた。ザルカウイが健在なころ1か月で1千400人の市民が殺されていたが、あんな状態がずっと続いていた。

日本嫌いの朝日新聞への忠告

女は顔も見えないブルカをかぶらされ、女の学校などどこを探してもなかった。

サダムはそんな女性を宗教戒律から解き放った。ブルカを剥がし、髪をなびかせる自由を与え、夫以外の男性と話せる世俗主義を持ち込んだ。イスラム世界ではこの国だけ女店員や女店主を見かける。もちろん、女性の学者や政治家も出ていた。

同じイスラム国家のアフガンで「女に教育を与えるな」と、日本の支援で建てられた学校が焼打ちされているのを見れば、サダムの辣腕ぶりが分かるだろう。

もちろん、イラクにもアフガンと同じように女学校を焼打ちしたがる者もいたが、サダムはそれを力で抑え込んだ。

その抑え込みが今の裁判で彼の罪状とされているが、あんな残虐な国民を少なくとも彼の治世の間、静かにさせていただけでもたいしたものだ。

朝日新聞は女の社会的な地位を云々したいなら、わざわざ女性差別の国・韓国を嘘で飾って書くこともない。

日本を書くのが一番いい。でも朝日は日本嫌いだからそれは嫌だというなら、サダムを素直に取り上げればもっと説得力が出る。

（2006年7月号）

米国の「偽善」を支える朝日新聞は気色が悪い
——原爆を落とした米国人はいい人、日本人は悪い人という詭弁

米軍に爆撃された「金の鯱鉾」

奈良の法隆寺脇にラングドン・ウォーナーの顕彰碑がある。東洋美術研究家の肩書で、碑文によれば彼が米政府を動かして日本の文化財を戦火から護った偉大な米国人ということになっている。

彼が日本の文化財リストを作成して米政府に提出し、米軍司令部がそれを尊重して奈良などへの空襲をやめ、東大寺も法隆寺も無事に残ったのだと。

しかし、現実はどうか。彼がリストに挙げた名古屋城も仙台城も岡山城も寛永寺も浅草寺、熱田神宮までほとんどが空襲で焼け落ちている。むしろ彼が文化財と指定したことで程度の低い米軍パイロットが面白がって爆撃したとすら見える。

名古屋城は空から見れば松と濠と白壁の城壁に囲まれて絵のように美しい。少なくとも

軍事施設には見えない。それを米軍機は何度も何度も爆撃した。

しかし、天守閣は奇跡的に戦災を免れた。その幸運がいつまで続くか。上には尾張名古屋の象徴、金の鯱《しゃち》鉾《ほこ》がある。せめてそれだけでも救いたいと天守閣に足場を組んだところに空襲があった。

不運にも雨あられと降ってくる焼夷弾がその足場に引っ掛かって、天守閣は炎上した。銅葺きの天守は、その銅の燃える青白い炎に包まれたと記録される。

彼らは深い森の中にたたずまう明治神宮の社殿すら爆撃した。米国人に文化財を大事にする知性など、これっぽっちもないことはこれで十分証明している。

碑文のご託は続く。ウォーナーは京都も護ったと。これは違う。それどころか、京都は原爆投下リストの筆頭に挙げられていた。それはワシントン公文書館を丹念に洗った産経新聞社の故増井誠記者が明らかにしている。

京都盆地に原爆を落とす計画

リストを作ったのは、ヘンリー・スチムソンだ。フーバー共和党大統領の国務長官だった彼は、次の民主党のフランクリン・ルーズベルトに日本嫌いなところを見込まれて彼の閣僚になった。

増井記者の報告によれば、彼らは盆地状の京都が原爆の殺傷効果をより高めると評価し、その中でも人口密集度の高い梅小路操車場を投下地点に指定した。プルトニウム型原爆をその上空600メートルで爆発させる計画だった。

実行されていれば、そこから半径2・4キロは5千度の火球に呑まれ、人間は蒸発し建物は跡形なしに消滅する。八坂の五重塔も本願寺も、少し離れてはいるが御所も清水寺も消えてなくなっていた。

その威力を正確に測るため、米軍は原爆投下の候補地になった京都、広島、小倉、長崎などに対する通常爆弾による空襲を禁じていた。

それでも何機かの爆撃機が禁を破って京都に爆弾を落としたが、被害は死者93人。その他の都市に比べれば、いかに原爆用に大事にしていたか、よく分かる。

その京都が直前に外されたのはスチムソンの気が変わったためという説明以外、説得力のある話は伝わっていない。

ただ、断じてウォーナーの手柄でないことは確かだ。もはや制空権も失った死に体の日本を好きに爆撃し、子供を追いかけて機銃掃射を加え、東京では炎の壁を作って一晩で10

万人も殺した。

そんな残忍な米国人の素顔を隠し、いかにも良識ある文明人を装い「京都、奈良を護りました」とぬけぬけいう。

ＧＨＱに命じられるままに…

見上げた詐欺師根性だが、こういう歴史を歪める嘘に必ず一役買って出てくるのが朝日新聞だ。

実はこのウォーナーの仕組まれた美談も、終戦後すぐの昭和20年11月11日付朝日新聞が披露した。そんな米国人学者がいたことも、そしてそんなリストを作っていたことなど日本人が知る由もない。ＧＨＱに命じられるままの記事だ。

しかし、広島長崎に原爆を落としたのは紛れもなく米国だ。その非人道性を唯一の被爆国として指弾すべきだが、朝日はＧＨＱが消えた後も「いい米国人」路線を外さなかった。

「京都を護ったのはスチムソンの英断」とか「スチムソン夫人が夫を説得した」とか、詐欺師の上をいく嘘を次々と繰り出して「いい米国人」像を日本に根付かせた。

米国がいい国なら、被爆国日本は悪い国になる。無謀な戦争をしたからだとか、広島は軍都だったから落とされても文句はいえないとかは、朝日が生んだ詭弁だ。

この路線は60年たった今年も変わらない。朝日は原爆症認定問題を使って日本を悪い国に仕立てた。96歳の母と65歳でがんで亡くなった娘の話（7月27日）を持ち出して、なぜ原爆症認定しないのか口を極めて政府をののしった。個人には原爆を落とした米国を訴える権利がある。訴えれば高額の賠償が得られるが、朝日はそういう肝要なことは書かない。

一方で、被爆女性作家に「米国人はみないい人ばかり」（6月23日）と語らせる。しかしどこの国が原爆を落としたかはいわない。

次に「原爆の悲惨さを米国に初めて紹介する」（7月3日）という米国人女性が登場する。いい換えれば、米国人は60年間だれも原爆の悲惨さを紹介もしなかったわけだ。

60年たっても「米国人の善意」

退役軍人が「米大陸を横断しながら核廃絶の署名運動をする」（7月29日）記事もでかでか載った。そんなのニュースかよという声が聞こえそうだ。

タコマ市のグループが「広島、長崎を直視する旅に出る」（8月3日）という記事もあった。そうしたら、地元市民が「何で日本に謝罪するのか」と騒ぎだした。原爆を落としておいて、多くの米国人市民は反省もないということだろう。それのほうがニュースではないのか。

要は米国人はいい人ばかりにしたい。それに対して、日本政府は「原爆症の認定を受けて医療費はただにさせ、さらに生活補助の金もほしい」と思う患者をこんなに冷たくあしらう。なんて日本は悪い国だという風にしたい。

朝日はウォーナーでありもしない「米国人の善意」を創り出した。GHQに媚びるためだったのは分かる。しかし、それからもう60年だ。同じ手口で日本人を騙して何か意味があるのか。

（2009年11月号）

日本人を悪者にする朝日主筆船橋洋一の暴走
——記者なら必ずやる検証もなしに日本軍の蛮行をでっち上げる

金正日が花いっぱいの背景に

北朝鮮の金正日が脳梗塞で倒れた、パリから医者が行ったけれど、どうも深刻な状況だというような話が昨年の秋口にあった。

あれだけ残忍な男も珍しい。金賢姫に大韓航空機を爆破させた。韓国大統領をラングーンで暗殺しようともした。失敗したら工作員はその場で死ねと金正日は命じて、みなそうした。金賢姫は服毒寸前に取り押さえられて生き残った。

国民を虫けらのように扱う。それでも同じ民族の中での確執だから、そんな指導者を戴いて喜んでいる国民にも一端の責任はある。

しかし、許せないのが日本人の拉致だ。分かっているだけで数十人の日本人を日本から拉致した。

ごく少数を除いて、連れ去られた日本人は彼の下で生きることを拒否した。そして消息は途絶えた。

シークレットブーツを愛用するこんな男が勝手に日本人の生存を脅かす権利など、これっぽっちもない。

そんな男が安らかに死んでいくなど、人倫からいってもあってはならない。

例えば日本に連れてきて百叩きにするとか、猿でもやる反省のポーズをとらせるとか、何らかの謝罪の形をつくらせた上で十分苦しんで逝くものだろう。

だから、彼の病状が気になって新聞を開く毎日が続いた。北朝鮮は真実など逆立ちしても出すわけもないから、たまに漏れてくる話を分析して何が起きているかを知ろうとする。それがジャーナリズムというものだ。

で、北が最初に出してきたのが、花いっぱいの背景にうっそり立つ金正日の写真だった。

しかし、その花が咲く季節はとっくに過ぎている。何らかの不都合があったと自供しているようなもので、逆にパリのお医者さんの話が裏付けられた、とまともな新聞は報じた。

朝日の金正日情報はおかしい

すると、北は今度は「人民軍の部隊を視察した首領様」の写真を出した。彼は整列する軍人の最前列に立っていた。

それが噴飯ものだった。軍人たちの影がほぼ真っすぐなのに彼の影だけは斜め。おまけに背景の石段の線が首領様の後ろだけ消えている。めぐみさんの写真と同様に、切り抜いた彼の写真を適当にはめ込んだことがよく見れば分かる。

つまり、北にはＣＧ技術がまったくないということだ。新聞各紙も「これは合成」と写真の偽造ポイントの読み方を解説して、金正日が立って歩ける状態ではないという観測もつけて報じた。

ところが朝日だけは「金正日総書記が二つの部隊を視察した。健康に問題はない」という北朝鮮の中央通信社電をそっくり牧野愛博特派員が伝えた。そっくりなら通信電でいい。特派員が送るなら写真は捏造で、見分け方はこう、よくご覧あれと書くのではないのか。

朝日は日本人読者を北朝鮮人民と同じ扱いにして真実を伝えなかった。

パリの医者は彼が半身不随で、それもかなり深刻な状況だと語った。左手はもう動かないと。

それが伝わると、箱田哲也特派員電では「両手を顔の高さまで上げて拍手する金正日」と撮影日時不明の写真を掲げた。半身不随じゃない。ちゃんと左手は動いているじゃないか。だから朝日の読者は金正日が倒れたことも知らない。

北京を代弁する朝日の異常さ

今年は中共がチベットを軍事制圧して50年目になる。朝日は大晦日の社説でそれを論じた。今どき他国を植民地支配する非を咎めるのかと思ったら、違った。チベットは「独立はいらない、自治があればというが、チベット人はあちこちにいて範囲が決められない」とまるで北京を代弁する。チベット人が青海省辺りに棲むのは、もともとそこがチベット人の領土だからだし、北京はスターリンを真似て少数民族の強制移住もやった。あちこちにいるのは、北京の責任だろうが。

新年の紙面で主筆の船橋洋一が久しぶりに書いていた。朝日はまともを装いたいなら彼に書かせない方がいい。彼は取材力がない分、嘘で補う悪い癖がある。映画『キリング・フィールド』で助手役をやったH・ニョールがロスで殺されると「政治的暗殺」だといい出した。直後にチンピラ3人が強盗殺人で逮捕されているのに。嘘を厭わない。
東ティモール問題は、海底油田の利権絡みでポルトガル混血児と豪州が組んで、インドネシアから島を奪い取った国盗り物語だ。船橋は白人を崇拝するからひたすら美談に仕立てた。ついでに日本人を悪者にして「先の戦争で日本軍は東ティモール島民4万人を殺した」と書いた。

話のもとは豪州の外交官の与太話。それを早大教授、後藤乾一が脚色した。

船橋は記者なら必ずやる検証もなしで後藤が捏造した〝日本軍の蛮行〟をあたかも真実のように論評した。そして日本は賠償も兼ねて1億《ドル》出せと。

政府は、それに従ってカネのほかに自衛隊も出動させた。船橋は、嘘を並べて国民の血税を白人ペテン師の振り込め詐欺に加担した。新聞記者の良心など彼はかけらも持ち合わせていない。

新聞の使命を忘れたら廃業だ

その船橋の新年書き初めは帰国する「シーファー駐日大使に聞く」だった。大使は珍しく素直に日本は自信をもてと促し、「内向きになるな」といった。

すぐ隣で支那がチベット人殺戮をやり、3隻の空母を作っているのにホームレスを「派遣社員」に仕立てて派遣切りがどうの、内向きの記事しか紙面に載せない。シーファーはそういう朝日を皮肉った発言だったが、彼はそれも理解できない。

大使はまた「支那は危険だ」といった。しかし、船橋は「大使は支那と政策対話をすべきだと思っているはずだ」と忖度《そんたく》する。目の前にシーファーがいるのだから聞けばいいのに、聞けば否定されるのが恐い。

事実は報道しない。記事は憶測で書く。新聞の使命をすべて忘れたのだったら、もう廃業する潮どきではないのか。

（2009年2月号）

「検証・昭和報道」にみる　朝日新聞の欺瞞を斬る

――奴隷制を否定した日本を「侵略国家」と決めつける冒瀆

「偽りの戦争」にみる国のエゴ

第2次大戦は、1937年9月のドイツのポーランド侵攻で始まった。

英仏は国際連盟規約違反を理由にドイツに宣戦したが、他国のために自国民が血を流すなど真っ平御免だ。結局、半年以上も軍を動かすことはなかった。

これが世にいう「偽りの戦争」だ。ドイツはその間に東側の守りを固め、翌40年4月、デンマークに侵攻して占領した。そしてフランスに攻め込み6月にはパリが落ちるが、英国が本気で動き出したのは、このデンマーク占領からだった。

デンマークは、大西洋の真ん中にアイスランドを持つ。本国が落ちた以上、ここも独の支配が及ぶ。Uボート基地でもできれば、米国と英国を結ぶシーレーンは完全に途絶されてしまう。

英軍は5月10日、つまり独軍がフランスに侵攻した日に2万5千の大部隊をアイスランドに送って占領した。ともに手を携えた同盟国の崩壊より自国の活路を優先確保したわけだ。国のエゴというのはこういうものだ。

もっと興味ある事態がフランスに親独のビシー政権が誕生した後に起こる。日本が「援蒋ルートを叩くため仏印に進駐したい」と通告してきた。日独は友好関係にある。独の傀儡ビシー政権とは友達の友達になる。その誼でよろしくというのが日本の気分だった。

ビシー政権は驚く。なぜなら、彼等白人国家の間では植民地は不可侵の私有財産とされてきたからだ。

これには少し説明がいる。白人国家はギリシャ、ローマの昔から動力源として奴隷があった。分かり易いのが船だ。蒸気もエンジンもない時代、船は奴隷の漕ぐ力で走った。奴隷はまたブルドーザーや、農業ではコンバイン役も果たした。

米国は清教徒がメイフラワー号で着く前に、もう奴隷市場が立って開拓の基本動力に使われた。奴隷で夜が明けた国だ。

植民地はカネのなる奴隷農場

近代に入ると、奴隷を輸入する手間と維持コストが問題になり、それなら適当な国を征服してまるごと奴隷にしてみようとなって「植民地」が誕生した。

それがどんなものか。例えば仏印では本国で禁止されている阿片をフランス政府が売り、さらに本国にはない人頭税を課し、結婚も出産も課税した。逆らえば投獄し、死ねば葬式税を取った。

ドゴールは戦後「フランスの栄光の復活のために仏印の継続支配を」と米国に訴えたが、それは植民地がカネのなる奴隷農場だったことを証明している。

しかし、これが日本人には通じなかった。なぜなら日本は世界で唯一国、奴隷を持たなかった。日本人は船を漕ぐのに奴隷を使うのではなく頭を使って櫓を編み出して「鼻歌を歌いながら船を操っている」とルイス・フロイスが驚嘆して書いている。

日本人は奴隷制が嫌いで、秀吉は宣教師が奴隷を売買しているのを知って伴天連追放令を出した。300年付き合ったオランダからの外来語がほとんどないのは「奴隷を使う彼等を日本人が毛嫌いした」（ツュンベリの記録）からだ。

明治5年、日本は横浜港に入ったペルーの奴隷船を拿捕《だほ》し苦力《クーリー》を解放し、ために国際裁判にもなったが、勝った。

だから、植民地が奴隷制の一つの形とは知らなかった。それは朝鮮、台湾の日本の統治を見れば分かる。

恥という感覚をもたない米国

だから日本には仏印進駐が仏政府の私産を蹂躙するという意識はなかった。ビシー政権は困って敵になる自由フランスのドゴールに相談し、ドゴールはチャーチルに訴え、チャーチルはルーズベルトに、ルーズベルトはヒトラーに相談した。いま戦争していても白人国家の利権となるとここまで協力し合うのが笑える。

しかし、ヒトラーをしても潔癖な日本を説得するのは無理だった。日本は仏の渋々の了解を得て40年9月、北部仏印に進駐する。白人優越主義の仏軍が抵抗したが、鎧袖《がいしゅう》一触、ドンダン要塞の守備隊長まで戦死して日本軍に屈服した。

翌41年、英国の戦況は悪化しアイスランドに2万も兵を遊ばせる余裕はなくなった。英は中立国の米国にその島を代わりに軍事占拠してくれと頼む。

米軍は巡洋艦2隻を護衛に4千人が7月7日、島を占拠し、この島を独立させた。今のアイスランド共和国の誕生だ。米国は過去、同じ手口でコロンビアの1州パナマを独立させ、傀儡政権を置いた。今回は中立国なのに対独軍事行動を起こし、かつ他国の領土まで占領した。この国は恥という感覚も持たない。

同じ7月、日本は援蒋ルートの効果的封じ込めのためビシー政権の了承を得てサイゴンに軍を進めた。

これに最も強硬に反対したのは、現にアイスランドを不法占領しつつあった米国だった。自分の行為は棚上げして、合意の上の日本の南部仏印進駐は犯罪行為と非難し、日本の在米資産を凍結し日本への石油輸出を止めた。

仏軍がドンダンで叩きのめされたのはアジアに波紋を広げていた。現に、ハノイではベトナム人が蜂起してもいる。その日本軍がサイゴンまで来れば、影響はもっと大きい。放っておけば白人の威信が揺らぎ、植民地支配に亀裂が入る。

検証なしで書きまくる『朝日』

だから「何としてでも日本を抑え込まねばと米国が考えた」と英国首相府の文書や英史

家C・ソーンの著作がこの強硬措置の背景を明らかにしている。

この辺りを朝日新聞が「検証・昭和報道」として連載している。例えば、南部仏印進駐は「米国は反発した。日本が東南アジアを支配する第一歩と見た」と。だから石油を禁輸し資産を凍結した、と。

これでは「日本は侵略国家だ」というGHQ史観というか朝日推薦の自虐史観をそのままなぞっただけだ。アイスランド問題や本当の動機となった白人の威信などは、どこにも見当たらない。

朝日は検証なしで南京や慰安婦の嘘を書きまくった。だから検証しろといってきたが、こんな形で「検証」を冒瀆するのはもっと許されない。

（2009年8月号）

恥知らずの朝日新聞が「国民総背番号」を認めた?!

——民主党の弱者のための政治を受けて住基ネットも進めるが

朝日は半世紀も反対したのに

先日の朝日新聞の社説に「共通番号制」というのがあった。民主党が国民一人一人に番号をふって納税と社会保障をリンクさせ、脱税や国民保険の未納も防ぐシステムの具体化に乗り出したとあった。

いいことだから、実現を急ごう。ついては、日本にはすでに国民に固有の番号をふった住基ネットがある。400億円もかけたのだから「二重投資を避けるために活用が望ましい」と続く。

しかし住基ネットにはもともと「個人情報漏れという国民の不安を拭えない」が、今回は目的もいい。鳩山もその辺を国民に説明して是非やろうじゃないかというような内容だ。

一読、下手くそな上に回りくどい文章でうんざりさせられるが、なぜかくも回りくどいのか理由はよく分かる。

朝日はこの社説欄も含めて半世紀にわたって「共通番号」に反対してきた。いやその当時は「国民総背番号」と、もっと嫌味な名をつけてけなし続けた。

もっとあざとく「あなたは国家に番号で管理されていいのか」「国の利便のために国民がプライバシーを犠牲にするのか」と狡猾なキャンペーンを張った。

朝日が反対した理由は何か。それは国民総背番号制のモデルとなった米国の社会保障番号制（Social Security Number）を見ると納得がいく。

ＳＳＮは国務省の所管で、米市民と米国で働く外国人すべてが氏名、年齢、生年月日に始まって髪の色、目の色、肌の色から母親の結婚前の姓まで、本人の識別データとなるものすべてを登録すると９桁の番号が与えられる。

朝鮮の密入国者が活動できず

この番号があって初めて人々は銀行に口座が開け、カードを持て、ホテルに泊まれれば就職もできる。

車の免許証もこの番号で申請する。だから普段の生活ではＳＳＮに代わって免許証が本人確認のＩＤになる。

その代わり自分の給与も臨時収入もすべて歳入庁に筒抜けで、脱税もできない。

これが日本に導入され、日本版ＳＳＮが発行すると、さて誰が困るか。まず脱税が常態の農民が困惑するだろう。振り込め詐欺犯も困る。

それ以上に困るのが朝鮮からの密入国者だ。日本に上陸してもホテルに泊まれず車も借りられない。スパイ活動や拉致活動は思うに任せなくなる。朝日はその辺のところをよろしくと朝鮮に頼まれたから、真剣に日本版ＳＳＮを潰しにかかったのだろう。実際、そういう見方を裏付けるように朝日はこの時期、入国する三国人から指紋を取ることにも反対して、とうとうやめさせてしまった。

その途端、世田谷区で韓国でしか売っていない靴を履いた男が一家4人を惨殺した。検証から犯人はまず父と息子を殺し、次に母に抱かれた娘を執拗に包丁でいたぶり、最後に母を殺している。犯人は部屋中に指紋を残していったが、朝日新聞のおかげで当局のデータには該当指紋はなかった。

この種の意図あるキャンペーンでは朝日は嘘も厭わない学者を使った。

個人情報が漏れると書き立て

朝日は自虐史観が大好き。それで「東ティモールで日本軍が島民5万人を殺した」という嘘を拵えたのが早大教授の後藤乾一で、この嘘を朝日に売りこみ、今は主筆をつとめる船橋洋一が嘘を承知で「大学の先生がこういわれる。日本軍は残忍」と後藤の嘘をさも真実のように仕立て上げた。それを受けて朝日記者が東ティモール政府の外相に「日本に戦時賠償を要求したら」と促す。日本政府はしょうがない、数千万ドル分の援助をあのいかがわしい小国に出している。朝日の嘘のおかげで国民は大損をしている。

このSSN潰しでも朝日はニューヨーク特派員の渡辺知二にSSNがいかにも信用ならない風に書かせ、無関係のカード詐欺被害の数字を充てて読者をたぶらかす。そのうえで白鴎大教授の石村耕治にSSNを使ったなり済まし詐欺が横行していると語らせる。

この連携記事には白人のSSNを盗んだ黒人が詐欺を働いたという話が出てくるが、SSNでは肌の色も登録され、あっさり犯行は見破られている。しかし渡辺特派員は、そうは書かない。読者は騙すものなのだ。

朝日はSSNに似た住基ネットにも抵抗した。日本人は自分が自分であることを証明するのに、役所が発行する戸籍を使ってきた。元をたどれば、大化の改新の口分田に行きつく。そんな古いシステムだから、人口移動が激しい現在は田舎に戸籍を取りに行く暇もない。それで住民票で代行することになるが、そのために500万人の公務員を置いている。いかにも無駄だからというのが住基ネット導入の意図だった。

朝日はこれに「個人情報が漏れる」のキャッチフレーズを充てた。今回の社説にいう「国民の不安」は、実は朝日がでっち上げた「不安」なのだ。

そうしたら福島・矢祭町が住基ネット不参加をいい立てた。この町は人口6千500人、2千世帯。東京の百草団地の規模だが、町というだけで年間20億円の交付税が貰える。百草団地では逆に住民が自治会費を出し合う。矢祭町は他人様の税金にたかって天国みたいな暮らしをしているから町村合併などとんでもない。まして役場の唯一の仕事、戸籍管理を奪う住基ネットなど誰が採用するものかという我儘自治体だ。それを朝日新聞は褒めに褒めた。自分の主張に合う者なら、こんないかがわしい自治体でも強姦魔でもヒーローに仕立てる。

今ごろ必要だといい出したが

おかげで住基ネットはいまだに機能していない。税の捕捉率は公正を欠いたまま。そこへ民主党の弱者のための政治がしゃしゃり出て働かない者や脱税者だけがやたら厚遇され、納税者は勤労意欲を失いつつある。

これだけ国家にロスを与えた朝日が今ごろになって国民総背番号は必要だといい出した。「共通番号」と姑息にいい換えたのは少しは過去を恥じてのことか。そんな羞恥心があったことに驚くが、それなら社会常識を教えてやろう。そういう時はまず「ご免なさい」というものだ。

（２０１０年４月号）

本書は「月刊テーミス」の連載「日本警世」をまとめ、加筆・再編集したものである。

［著者略歴］高山正之（たかやま　まさゆき）

1942年生まれ。ジャーナリスト。1965年、東京都立大学法律経済学部卒業。産経新聞社入社。社会部デスクを経て、テヘラン支局長、ロサンゼルス支局長。98年より産経新聞夕刊一面コラム「異見自在」を担当。編集委員を経て、帝京大学教授を勤める。2001年より「月刊テーミス」に「日本警世」を好評連載中。

主な著書に、『「訴訟亡国」アメリカ』（共著）『鞭と鎖の帝国―ホメイニ師のイラン』『チェレンコフの業火』（以上、文藝春秋）、『異見自在』『歪曲報道』（以上、ＰＨＰ研究所）、『世界は腹黒い』（高木書房）、「ジョージ・ブッシュが日本を救った　変見自在」「オバマ大統領は黒人か　変見自在」（以上、新潮社）などがある。

日本人の目を覚ます痛快35章

朝日新聞・米国・中国を疑え！

2010年９月30日　　初版第１刷発行
2015年１月31日　　　第３刷発行

著　者　高山正之
発行者　伊藤寿男
発行所　株式会社テーミス
東京都千代田区一番町13-15　一番町KGビル　〒102-0082
電話　03-3222-6001　Fax　03-3222-6715
印　刷
製　本　凸版印刷株式会社

ISBN978-4-901331-19-7

一刀両断一読痛快

月刊テーミス人気連載 日本警世 第一弾

読者から「よくぞ書いてくれた」と共感の声殺到

日本人が勇気と自信を持つ本

高山正之 著

(全33項目の中から抜粋)

中国や韓国を弁護する朝日新聞の「悪趣味報道」
「中国人の犯罪は少ない」といい張る朝日新聞の愚
馬鹿大使と朝日記者がアジアの歴史を改竄した
住基ネット反対を唱える朝日新聞の左翼学者担ぎ

朝日新聞の報道を正せば明るくなる

ISBN978-4-901331-13-5 B6変形版二五六頁 定価 本体一、〇五〇円(税込) テーミス